Jens Oenicke

Der werdende Vater

Anleitung zur perfekten Vaterschaft

zeitgeistfactory

3. Auflage, 2011

umschlag- und einbandgestaltung: silvia toebe
lektorat: peggy heydick
titelfoto: thilo schoch
druck: clausen & bosse

isbn 3-9810160-0-9

www.zeitgeistfactory.de

Gliederung

Danksagung **6**
Vorwort **7**
Einleitung **9**
Einleitung für den zukünftigen Vater 9
Einleitung für die zukünftige Mutter 10
Kinderwunsch **12**
In anderen Umständen – 1. bis 3. Monat **14**
!!!Schwanger!!! 14
Ich werde Vater... 15
Der neue und der alte Vater 16
Der schwangere Mann 17
Gut geplant ist halb erledigt 18
Liebe, Anteilnahme und literarische Exkursionen 21
Harmonie, Hormone und Symptome 23
Klassische Sorgen 25
Vorsorgeuntersuchungen 27
Alarmierte Sinnesorgane 28
Karriere und Schwangerschaft 30
Sex und Zärtlichkeiten 33
Namensfindung 34
Viel Party, kein Alk 36
Immer in Bewegung bleiben 37
Schwangerschaft und Großeltern 38
Total Schwanger – 3. bis 6. Monat **41**
Schulmedizin und alternative Medizin 41
Geburt: zu Hause, ambulant oder stationär 42
Hebamme gesucht 45
Stillen oder nicht Stillen 47
Kugelrunder Bauch 50
Umstand mit der Schwangerschaftsmode 50
Auto und Baby 51
Endspurt – 6. bis 10. Monat **53**
Mann und Geburt 53
Ohnmächtige Männer 54
Nestbau 54
Zwischen Kinderwagen und Traumwagen 56
Zwischen Kommode und Wickeltisch 57

Geburtsvorbereitungskurse 58
Genug Zeit einplanen... 59
Endlich Geburt 60
Gelandet – 1. Monat 63
Erste Woche 63
Erste Tage 63
Besuche von Friends & Family 64
Bauchnabel und Gelbsucht 64
Tagesprotokoll 65
Großeltern 67
Gute Ratschläge 68
Betten und Schlafen 69
Schreien und Schreien lassen 71
Entwicklung des 7. Sinns 75
Nicht genug gegessen... 75
U1 – Ux 76
Das Wochenbett 77
Baby Blues und Wochenbettdepression 79
Zweite bis vierte Woche 80
Nur der Wandel ist beständig 80
Vaterrolle, Kleinfamilie und Stillrhythmus 81
Mit Baby allein zu Haus 84
Geliebte Regelmäßigkeit 85
Muttermilch – das Allheilmittel 86
Blähungen und Koliken 86
Zu warm, zu kalt und die Temperatur 88
Windeln und Wachmacher 89
Tag und Nacht 90
Tragetücher, wie im siebten Himmel 91
Fläschchen oder nicht Fläschchen .92
Spieluhr 92
Verzweiflung 93
Beziehung mit neuen Vorzeichen .94
Baby und Geld - Behördengänge .94
Zeitmanagement mit Baby 96
Bababa – 2. bis 3. Monat 100
Drama Einschlafen 100
Die Entdeckung der Badewanne .101
Sinnesorgane 103

Baby-Massage 104
Baby und Lernen 105
Das Baby und sein Ego 106
Kommunikation - verstehen und verstanden werden 108
Besondere Ratschläge 109
Myriam Krewer: Anregungen einer Hebamme 109
Der Umgang mit der Schwangerschaft 110
Phasen der Schwangerschaft 110
Schwangerschaftsvorsorge 113
Geburtsvorbereitungskurse 114
Auswahl des Geburtsortes 114
Die Geburt 115
Das Wochenbett 116
Baby Blues 117
Kinder und Karriere 118
Tipps junger Mütter für die werdenden Väter 119
Tipps junger Väter für die werdenden Väter 123
Nachwort 127

Vorwort zur 3. Auflage

Inzwischen ist "Der werdende Vater" zur Standardlektüre für junge Väter geworden, empfohlen von Vätern, Müttern, Ärzten, Hebammen, der Presse und den zig Tausend Lesern.

Als inzwischen zwei Mal gewordener Vater bleibt nur zu sagen, dass es im Leben eines Mannes fast gar nichts gibt, was mit dem Vaterglück mithalten kann. Und das jede Vaterschaft wieder ein neues Abenteuer ist und das Mann davon gar nicht genug bekommen kann. Denn richtige Männer lieben Abenteuer.

In diesem Sinne Ihnen viel Spaß bei der Lektüre und noch mehr Freude beim Abenteuer Vaterschaft...

Ihr Jens Oenicke

Einleitung

Einleitung für den zukünftigen Vater

Baby. Baby. Baby. Das sind die wesentlichen Worte, um die sich in der nächsten Zeit alles für Sie drehen wird. Sobald Sie sich gemeinsam mit Ihrer Partnerin entschieden haben, ein Kind zu bekommen, ist es an Ihnen, die Geschicke selbst in die Hand zu nehmen.

Das Buch ist für all jene Männer, die demnächst Vater werden und sich schnell und umfassend auf die wesentlichen Vorkommnisse in der Schwangerschaft und die ersten Lebensmonate des Neugeborenen vorbereiten wollen. Auf wenigen Seiten wird zusammengefasst, was alles nötig ist, um als zukünftiger Vater mit Erfolg und Freude zu agieren. Besonders interessant wird das Buch für alle Männer sein, die sich als aktive Väter verstehen, das Baby auch wirklich verantwortlich aufziehen und sich nicht nur auf die Rolle des Feierabendvaters beschränken wollen.

Das Buch ist geschrieben von einem jungen Vater, der Berge von Lektüre überquert, seine persönlichen Erfahrungen mitprotokolliert und endlose Diskussionen mit Experten geführt hat. Ergänzt werden diese Erfahrungen durch die Anregungen einer Hebamme und die Tipps vieler junger Mütter und Väter.

Im gewissen Sinn sitzen Sie mit dem Baby in einem Boot, denn nicht nur das Baby ist ein Neugeborenes, sondern auch auf Sie kommt eine gänzlich neue Situation zu.

Sie sind jetzt in der spannenden Situation, der werdende Vater zu sein, der noch nicht weiß, wie mit der Situation umzugehen ist. Wenn manche Männer noch immer meinen, Sie müssten sich nicht auf diese neue Familien-Situation vorbereiten und würden das „mal eben alles so mit links machen“ oder „das macht schon die Frau“, dann ist das naiv.

In diesem Buch erhalten Sie einen kurzen und umfassenden Überblick über alle Themen, die Sie als werdender Vater rund um die schwangere Partnerin und das Neugeborene wissen müssen. Zusätzlich bekommen Sie wertvolle Ratschläge und realitätsnahe Tipps, wie Sie es schaffen, Ihr Baby, Ihre Beziehung und Ihre weiteren privaten und beruflichen Ziele in einen harmonischen Einklang zu bringen.

Einleitung für die zukünftige Mutter

Dieses Buch ermöglicht es Ihrem Partner sich über alles Wichtige rund um Schwangerschaft, Geburt und Neugeborenes zu informieren. So bekommt Ihr Partner die Chance, ein Verständnis dafür zu entwickeln, was für ihn, Sie und das Baby von Bedeutung ist. Die wichtigsten Fakten und Tatsachen sind hier kurz und ohne Umschweife auf den Punkt gebracht. Mit diesem Know-how ausgestattet hat Ihr Mann die sofortige Möglichkeit vom Zuschauer zum Akteur zu werden. Als moderner und aktiver Vater wird Ihr Partner auch selbst viel glücklicher sein, da er in alle Veränderungen der neuen Familiensituation direkt eingebunden ist und diese verantwortlich mitgestaltet.

Sie sind in anderen Umständen. Sie betreten sowohl körperlich als auch seelisch einen neuen Kontinent. Für Sie entwickelt sich die Schwangerschaft wie eine Reise auf einem großen Fluss. Sie sind in ein Boot eingestiegen, dass sich langsam vom Ufer wegbewegt und immer weiter in die Mitte des Flusses treibt und damit unweigerlich mehr und mehr an Fahrt aufnimmt. Höhepunkte des ersten Abschnitts Ihrer Reise sind die Stromschnellen der Schwangerschaft und der Wasserfall der Geburt. Danach geht es nicht weniger mitreißend zu, nun aber mit einem neuen kleinen Menschen, der sich nicht nur einige Male am Tage durch Bewegungen im Bauch bemerkbar macht sondern der den ganzen Tag präsent ist und Aufmerksamkeit, Fürsorge und Liebe benötigt. Auch dann sind Sie, wie bereits in der Schwangerschaft, häufig dichter dran als Ihr Partner, vor allem wenn Sie Ihr Baby stillen. Und um im Bilde zu bleiben: Ihr Partner läuft parallel am Ufer mit Ihnen mit und schaut zu, wie Sie auf dem Fluss treiben. Dieses Buch tut alles, damit er zu Ihnen in das Boot steigen kann und Sie zumindest die Teilabschnitte gemeinsam erfahren, die möglich sind.

Ihr Mann kann zunächst schon rein körperlich nur bedingt und von außen Anteil an der Schwangerschaft nehmen. So begleitet Ihr Mann die Schwangerschaft als Zaungast. Sogar in den ersten Wochen und Monaten nach der Geburt fällt es vielen Männern noch schwer und es wird Ihnen häufig auch gesellschaftlich schwer gemacht, eine direkte Beziehung zum Kind aufzubauen. Meist dominiert dann die enge Mutter-Kind-Beziehung. Als eine der weit verbreitetsten Ursachen kann angeführt werden, dass viele Männer sich zu wenig mit der Thematik auskennen. Außerdem wird Ihnen gesellschaftlich eingeredet, dass sie während der Schwangerschaft und in den ersten Kindsmonaten sowieso eine stark in den Hintergrund gedrängte Rolle zu spielen haben. Das muss nicht so sein, sondern für die aktive Vaterschaft bedarf es außer der inneren Bereitschaft nur weniger Informationen und Sie werden gemeinsam wesentlich intensiver die Entwicklung Ihrer jungen Familie erleben.

Kinderwunsch

Ein Kinderwunsch entwickelt sich aus unterschiedlichen Motiven, denen hier nicht im Detail und erschöpfend nachgegangen werden kann und soll. Ist der Kinderwunsch erst einmal gefasst, so gibt es kein Zurück, sondern nur ein Voran.

Höchstwahrscheinlich ist Ihre Partnerin bereits schwanger, unabhängig davon ob ein Kinderwunsch bestand, der sich dann aber hoffentlich umgehend eingestellt hat. Oder aber Ihr gemeinsamer Kinderwunsch muss noch in die Tat umgesetzt werden. Täuschen Sie sich bitte nicht darüber, wie einfach es ist, einen Kinderwunsch in ein lebendiges Baby zu verwandeln. Meist sind die ungewollten Schwangerschaften einfacher als die gewollten. Nachdem der Kinderwunsch in Aktivität umgesetzt wird, dauert es bei fast alle Paaren wenigstens einige Monate, bevor es zu einer Schwangerschaft kommt.

Im Idealfall führt der Kinderwunsch zum sofortigen Glückstreffer und Sie können gegenüber Ihren Freunden prahlen, wie schnell alles ging. Glückwunsch, Sie haben sechs Richtige im Lotto.

Sechs Richtige im Lotto gibt es aber nicht allzu häufig. Meist führen die Bemühungen, den Kinderwunsch zu erfüllen, nicht zu einem sofortigen Erfolg. Dann werden Sie wahrscheinlich anfangen, mit Hilfe von ärztlichen Ratschlägen und einigen Tricks die Wahrscheinlichkeit für eine Schwangerschaft zu erhöhen. Zu den Tricks gehören etwa Tests für Ihre Partnerin, die den Eisprung genau ermitteln und damit die Aussicht für eine Befruchtung wesentlich erhöhen. Den Eisprung per Temperaturmessung zu ermitteln, scheint weniger zuverlässig zu sein. Im Idealfall stellt sich der Erfolg dann nach einigen Monaten ein. Auch Glückwunsch, sofern das gelingt.
Ungünstigstenfalls führt der Kinderwunsch über Monate zu hektischen Bemühungen, aus denen auch schnell Jahre werden können. Schlimmstenfalls nimmt der Kinderwunsch irgendwann einen lustfeindlichen Charakter an. Denn wenn Monat um Monat vorübergehen, ohne das etwas passiert, werden Sie und Ihre Partnerin langsam unruhig und beginnen, sich auf die Ursachensuche zu begeben. Eine

Ursachensuche entwickelt sich häufig zu einem mehr als unangenehmen, zeitraubenden und meist auch noch kostenintensiven Unterfangen. Leider ist dann noch nicht einmal der Erfolg sicher.

In jedem Fall sollten beide Partner darauf achten, dass sie beim Warten auf eine Schwangerschaft stets entspannt bleiben, denn alles andere droht zu Verkrampfungen zu führen. Diese Verkrampfungen wirken im Zweifel nicht nur einer Schwangerschaft entgegen, sondern belasten häufig auch die Beziehung. Gerade wenn ein Kinderwunsch besteht, sollten Sie sich und auch Ihrer Partnerin eine Entspannungsphase gönnen, um schwanger werden zu können. Fahren Sie vielleicht mal länger in den Urlaub und verzichten Sie auf überflüssigen Stress im Berufs- und Privatleben.

Wahrscheinlich haben Sie die eine oder andere der oben genannten Phasen bereits hinter sich und sind folglich mehr beschäftigt mit den Themen der kommenden Kapitel.

In anderen Umständen – 1. bis 3. Monat

!!!Schwanger!!!

Ja, das ist ein tolles Gefühl, wenn Sie gemeinsam mit Ihrer Partnerin feststellen, dass sie schwanger ist. Ihre Partnerin ist überglücklich und Sie fühlen sich als Mann geehrt und einfach wunderbar.
Zunächst werden Sie beide es gar nicht glauben können. Das ist verständlich, denn man kann Ihrer Partnerin die Schwangerschaft ja noch nicht „ansehen". Der wiederholte Schwangerschaftstest oder auch der Termin beim Arzt bringen aber schon nach kurzer Zeit Gewissheit: Sie sind ein werdender Vater.

Nach einigen Tagen im Freudentaumel meldet sich Ihr Verstand zurück und Sie beginnen zögerlich über die nächsten neun Monate nachzudenken und wagen es vielleicht auch schon einmal, sich über die Zeit danach Gedanken zu machen.

Sie werden sich schon in Kürze dabei ertappen, wie sich Ihre Wahrnehmung zu verändern beginnt. Wahrscheinlich haben Sie früher nicht besonders auf Babys und ihre Eltern geachtet. Plötzlich fallen Ihnen zum ersten Mal die vielen Eltern mit Babys in Ihrer Umgebung auf und Sie fangen zunehmend an, sich für alles zu interessieren, was mit dem Thema Baby im Zusammenhang steht. Selbst Kinderwagen beziehungsweise Tragesysteme können auf einmal Ihr Interesse wecken. Die Themen Schwangerschaft, Geburt und Babys werden immer mehr zum Gesprächsstoff mit Bekannten und Freunden, obwohl Sie bis zu diesem Zeitpunkt noch niemandem preisgegeben haben, dass Sie in Kürze ein neues Familienmitglied erwarten.

Sie sollten sich gut überlegen, zu welchem Zeitpunkt Sie wen über die Schwangerschaft informieren, und dies mit Ihrer Partnerin absprechen. Meist bietet es sich an, die Eltern und die engsten Freunde als erste zu informieren. Wobei es sicherlich empfehlenswert ist, grundsätzlich drei bis vier Monate abzuwarten, ob die Schwangerschaft stabil verläuft. Wenn Sie bereits vor dem dritten bis vierten Monat allen über die Schwangerschaft erzählen, wird eine mögliche Komplikation der

Schwangerschaft zusätzlich zu der eigentlichen Belastung für Ihre Partnerin und Sie zu einem ungewollten Diskussionsthema mit allen, denen Sie es zuvor mitgeteilt hatten.

Ich werde Vater...

Nachdem sich nun die erste Euphorie über die Schwangerschaft verflüchtigt hat, stellen sich die ersten Sorgen und Befürchtungen ein. Sie werden nach und nach feststellen, dass Sie gerade eine der größten Wandlungen Ihres Lebens durchmachen. Denn Vater zu sein heißt endloses Glück und unbeschreiblich viel Freude, aber auch Verantwortungen, Einschränkungen und Pflichten, die von nun an ganz neu auf Sie zukommen.

Ihre Freunde und Eltern lassen es sich nicht nehmen, den Teufel an die Wand zu malen und immer wieder auf die zahllosen neuen Pflichten und Entbehrungen hinzuweisen. Sie werden von allen Seiten hören, was Sie ab jetzt alles nicht mehr machen dürfen. Ihnen fallen dann zwangsläufig auch die ganzen Negativbeispiele von den Vätern ein, die schlagartig mit der Geburt des ersten Kindes weder Zeit für sich selbst noch für ihre Freunde hatten.

Aber es muss nicht so weit kommen. Erstens bekommt man gerade auch deshalb ein Baby, damit nicht alles beim Alten bleibt, sondern man zu neuen Ufern aufbricht. Wenn sich rein gar nichts verändern soll, dann passt ein Baby nicht in das eigene Lebenskonzept. Zweitens: Wenn man sich auf das neue Leben einlässt, sind die Neuerungen durch ein Baby keinesfalls Grund zur Sorge, sondern zur Freude und man wird dennoch alles schaffen, was für einen wichtig ist.
Trotzdem sollte man sich - soweit es möglich ist und so früh wie es geht - mit allen Themen rund um das Baby auseinandersetzen, um immer die Situation zu beherrschen und nicht von ihr beherrscht zu werden. Vor allem sollte man sich mit den Auswirkungen auf sich selbst und auch mit denen für die eigene Familie beschäftigen. Je besser man alles organisiert, desto mehr Zeit wird man zukünftig sowohl für die Familie als auch für sich selbst zur Verfügung haben. Überlegen Sie sich weit im Vorfeld, wie Sie alles gestalten wollen und passen Sie später die Planungen immer wieder den sich ständig verändernden Realitäten an.

Unterliegen Sie nicht dem Irrglauben, dass Sie das ganze Thema einfach locker auf sich zukommen lassen und im Wesentlichen alles Ihrer Partnerin überlassen können. Das heißt nicht, dass Sie sich jetzt verrückt machen sollten, aber die nächsten Monate erfordern nicht nur von Ihrer Partnerin einiges, sondern auch Sie müssen neben der seelischen und körperlichen Unterstützung für Ihre Partnerin die kommende Zeit mit dem Kind vorbereiten - früher oder später werden Sie sowieso in fast alles miteinbezogen. Ihre aktive Teilnahme bereits am Beginn der Schwangerschaft wird ihre Partnerin besonders wertschätzen, und es wird Ihre Beziehung zu ihr und Ihrem Kind stärken.

Eine Illusion wäre es zu meinen, dass es mit der Geburt geschafft ist. Von dem Moment der Geburt an wird sich Ihr Leben nicht nur zeitweise, sondern permanent und komplett ändern. Es beginnt im wahrsten Sinne des Wortes ein neues Leben für Sie und Ihre Familie. Die Beziehung zu Ihrer Partnerin wird sich wandeln und Sie befinden sich plötzlich in einer sehr engen Beziehung mit zwei Menschen. Sie werden sehen, wie schnell Ihr Baby Ihr Herz erobert, wenn Sie das nicht schon während der Schwangerschaft zuließen, und wie gern Sie von nun an nach den neuen Regeln mit Ihrer Familie zusammenleben. In Ihren Alltag wird mit dem neuen Leben das Besondere einziehen.

Der neue und der alte Vater

Jeder Mensch hat einen Vater, selbstverständlich auch Sie. Nun ist die Reihe an Ihnen, diese Aufgabe zu übernehmen. Die meisten positiven und negativen Beispiele, wie ein Mann sich als Vater verhalten kann, lieferte Ihnen mit Sicherheit Ihr eigener Vater. Neben diesem wird es immer wieder andere Erwachsene in Ihrem Leben gegeben haben, die auch noch weitere Aspekte des Vaterseins erfüllten.

Ein guter Ansatz, um sich selbst auf seine eigene Vaterschaft vorzubereiten, ist es, sich zu überlegen, was der eigene Vater beziehungsweise die anderen einflussreichen Erwachsenen in der eigenen Erziehung richtig und was sie falsch gemacht haben. Dann wird man schnell zu dem Ergebnis kommen, das man selber einiges von der Erziehung übernehmen will, aber sich vieles auch anders vorstellt. Meist sind die von den Eltern vorgegebenen Denk- und Verhaltensmuster tiefer verankert, als man es sich selber eingestehen mag. Insofern ist die Erziehung nach den gleichen Mustern der eigenen Eltern relativ einfach und läuft fast automatisch und von alleine ab. Kompliziert wird es, wenn man versucht, die Dinge anders zu gestalten. Also beispielsweise genau die Dinge zu ändern, die einem an der eigenen Erziehung nicht gefielen und mit denen man vielleicht bis zum heutigen Tage kämpft. Diese neuen und veränderten Ansätze und Vorstellungen einer Erziehung sollte man für sich selbst klar stellen und frühzeitig mit der Partnerin abgleichen, um nicht später Konflikte innerhalb der Beziehung und mit dem Kind zu provozieren.

Der schwangere Mann

Auch wenn Sie es nicht glauben wollen, aber Sie müssen sich eventuell auf zwei Schwangerschaften einstellen: die Schwangerschaft Ihrer Frau und auf die eigene. Dass Männer parallel zu Ihrer Frau zunehmen oder dass Dackel scheinschwanger sein können, haben Sie sicher schon irgendwo einmal gehört, aber für sich selbst wiesen Sie das bisher wahrscheinlich immer weit von sich. Rund 25 Prozent aller werdenden Väter entwickeln ein so genanntes Schwangerschaftssyndrom. Männer können ihr eigenes Schwangerschaftssyndrom weder mit einem Früherkennungstest feststellen noch werden die Symptome anerkannt oder irgendjemand nimmt Rücksicht darauf. Auch die Frauen lassen sich davon nur wenig beeindrucken.

Zu den klassischen Symptomen des männlichen Schwangerschaftssyndroms zählen vor allem Gewichtszunahme, Kopf- und Zahnschmerzen, Übelkeit, Völlegefühle, Müdigkeit, Bauch- oder Rückenschmerzen, Schlafstörungen oder auch Gefühlsschwankungen. Die Symptome sind aber in der Regel nicht wirklich ernst zu nehmen, bis vielleicht auf die Gewichtszunahme von durchschnittlich vier Kilogramm pro Mann während der Schwangerschaft.
Woher diese Symptome kommen, ist von der Wissenschaft noch nicht abschließend geklärt. Letztendlich ist es für denjenigen, der unter dem einen oder anderen oder gar mehreren Symptomen leidet, auch egal, warum er beispielsweise mehr als vier Kilogramm zugenommen hat. Tatsache ist, dass er zugenommen hat und nach der Geburt die Pfunde meist schlechter wieder los wird als seine Partnerin.

Gut geplant ist halb erledigt

Man kann es nicht oft genug sagen: Eins ist gewiss, mit Ihrem Baby wird sich Ihr Leben komplett verändern. Sie werden sich zunächst einmal nach den Bedürfnissen Ihres Babys richten müssen. Insofern funktionieren eingespielte Zeitplanungen nicht mehr, sondern Ihr kleiner Nachwuchs wird alle Zeit der Welt für sich beanspruchen und ganz nebenbei geht ja auch noch Ihr normales Berufsleben weiter.

Jetzt beginnt für Sie die Uhr zu ticken und die Zeit rennt davon – am Anfang der Schwangerschaft langsam und dann immer schneller. Von jetzt an müssen Sie für die kommenden Monate ein gut geplantes Zeitraster einhalten, um die Zeit locker und problemfrei zu überstehen. Die erste Phase der Schwangerschaft fängt relativ entspannt an, da diese im Wesentlichen nur Ihre Partnerin betrifft. Das Tempo nimmt dann aber gegen Ende der Schwangerschaft rasant zu, und Sie werden neben der dauernden moralischen Unterstützung zunehmend auch mit Taten gefordert. Seinen Höhepunkt findet die Aufmerksamkeit, die Sie benötigen, mit der Geburt und der darauf folgenden Zeit des Wochenbetts. Ungefähr zwei Monate nach der Geburt haben Sie bereits große Bereiche Ihres Lebens umgestellt, Sie beginnen, sich an die neuen Verhältnisse zu gewöhnen, und die Veränderungen sind für Sie nicht mehr ganz so massiv wie am Anfang.

Versuchen Sie, sich möglichst frühzeitig mit dem engen Zeitraster anzufreunden und trotzdem Ihre eigenen Interessen zu verwirklichen und auch die Ihrer Partnerin zu unterstützen. Sie werden in den ersten Lebensmonaten alle Kraft für Ihr Baby benötigen und froh sein, wenn sich die Belastungen von außen möglichst nur auf die rein beruflichen beschränken. Selbst diese reduzierten Belastungen, werden für Sie ein volles Programm bedeuten.

Beginnen Sie bereits früh in der Schwangerschaft mit einem ersten Brainstorming, was Sie noch alles während der Schwangerschaft erledigen wollen und müssen. Hier ein paar Beispiele der möglichen Vorhaben:

- Hochzeit – Sie sind noch nicht verheiratet, wollen das aber noch schnell nachholen;
- Karriere – Planung der Organisation der Arbeit mit einem Baby;

- Reisen – vorerst die letzte Reise mit Ihrer Partnerin „fast“ allein;
- Umzüge – eine größere Wohnung/ein größeres Haus wird benötigt;
- Renovierungen – im ersten Lebensjahr des Babys sollte es keine Renovierungen mehr geben;
- Babyzimmer – Renovierung und Einrichtung;
- Bad – mögliche Veränderungen für das Baby;
- Auto – Anschaffung eines anderen Autos;
- Babysitting – Personen auswählen, die sich um das Baby kümmern könnten;
- Gesundheit – das passende medizinische Umfeld wählen.

Sicherlich fallen Ihnen noch viele weitere Themen für sich selbst ein. Diese Liste soll Ihnen nur erste Anregungen geben, welche Bereiche tangiert werden. Anhand der Liste wird schnell deutlich, dass wenn auch nur 50 Prozent der Aufgaben auf Sie persönlich zukommen, Sie in den kommenden Monaten sehr gut ausgelastet sein dürften. Die Aufgaben nehmen eher zu als ab, wenn das Baby erst einmal geboren ist.

Tragen Sie in einem Brainstorming unsortiert und frei assoziiert alle wesentlichen Aufgaben zusammen, die es noch in der kommenden Zeit, also in den nächsten ein bis zwei Jahren, zu erledigen gilt. Aus dieser langen Aufzählung sollten Sie nun mit Ihrer Partnerin zwei Listen mit allen Erledigungen erstellen, die in der nächsten Zeit anstehen. Eine Liste, die alle allgemeinen Ereignisse des kommenden Jahres betrifft und eine, die sich direkt mit den notwendigen Erledigungen rund um das Baby beschäftigt.

Die erste Liste sollte alles beinhalten, was noch innerhalb des ersten Jahres an größeren allgemeinen Ereignissen ansteht. Zu den möglichen Punkten, die auf der Liste auftauchen könnten, gehören Themen, wie die folgenden:

- Umzüge
- Renovierungen
- Reisen
- Feste
- Neues Auto
- Größere Vorhaben
- Einkäufe
- Abschluss von eigenen Projekten
- etc.

Eine zweite Liste sollte sich damit beschäftigen, was direkt für das Baby getan werden muss. Hierzu gehören neben der Anpassung der Wohnverhältnisse auf eine dritte Person mit besonderen Ansprüchen auch der Einkauf und die Organisation der benötigten zahllosen Utensilien. Vielleicht ist es ja auch mit einer Umorganisation der Wohnverhältnisse nicht getan, sondern Sie müssen noch das Zimmer ausbauen oder zumindest andere Lampen und Jalousien anbringen.

- Baby-Zimmer einrichten
- Baby-Ausstattung einkaufen oder organisieren
- Lampen anbringen
- Heizstrahler installieren
- Wickeltisch organisieren
- etc.

Die wenigen Punkte, die hier bisher aufgezählt sind, müssen individuell ergänzt und dann Punkt für Punkt ausformuliert werden.

Als Beispiel soll hier ein Punkt herausgegriffen werden: Wenn wir uns einmal den ersten Punkt „Baby-Zimmer einrichten" genauer betrachten, so heißt das konkret, dass Sie – sofern Sie über ein solches Zimmer verfügen - für das Baby das Zimmer frei räumen müssen. Das zieht nicht selten eine Umorganisation der gesamten Wohnung nach sich, denn die Sachen aus dem Zimmer wollen ja irgendwo untergebracht werden. Ihre Partnerin wird dann meist beginnen, die Renovierungswünsche für das Zimmer zu äußern, denn „Baby liebt es ja frisch und neu". Auch die Fenster müssen mit Vorhängen oder Jalousien abgedunkelt werden können, um den Babyschlaf zu fördern. Und wie war das mit dem Fußbodenbelag, sollte der nicht auch schon seit langem erneuert werden? Was ist mit der Beleuchtung? Wäre nicht ein Dimmer sinnvoll, damit das Baby nicht geblendet wird, wenn es auf dem Wickeltisch liegt und an die Decke schaut? Und wo kommt der Heizstrahler über den Wickeltisch? Wo werden die Babysachen untergebracht? Und das Spielzeug?...

Wie Sie sehen, nimmt Sie das Baby schon in Anspruch, bevor es überhaupt da ist. Je besser Sie die Ankunft Ihres neuen Familienmitglieds planen, desto mehr können Sie sich später auf das neue Glück konzentrieren - und das ist auch mehr als notwendig.

Liebe, Anteilnahme und literarische Exkursionen

Ihre Partnerin ist von nun an mehr oder weniger ständig mit der Schwangerschaft konfrontiert und beschäftigt. Dies spiegelt sich sowohl in den körperlichen und psychischen Veränderungen Ihrer Partnerin wider als auch bei den ständigen Untersuchungen. Durch den Verzicht auf Alkohol und andere Genussmittel lassen jede Party und jeder Restaurantbesuch die Schwangerschaft für Ihre Partnerin schon in den ersten Monaten stets präsent sein.

Jeder Frau ist es etwas unheimlich, dass sich plötzlich ihr Körper „selbständig macht" und sich in ihr ein eigenes Leben entwickelt. Im Körper Ihrer Partnerin wächst über Monate ein unbekanntes Geschöpf heran, das schon sehr schnell ein spürbares Eigenleben beginnt. Auch wenn Ihre Partnerin schon bald die innigste Freundschaft und Liebe zu dem neuen Leben im Bauch entwickeln und auch eine erste Kommunikation aufbauen wird, so bleibt da doch immer das große Geheimnis. Und dieses Geheimnis um die Erscheinung und das Wesen des unbekannten Geschöpfs kann erst wirklich nach der Geburt gelüftet werden. Immer im Vordergrund der Gedanken Ihrer Partnerin steht das generelle Thema der Gesundheit des Babys. Hinzu kommen die Fragen, die sich rund um den eigenen Körper der Frau drehen: Ganz natürlich führt die Schwangerschaft zu einer Zunahme an Gewicht, von der die Frau vorher nicht weiß, wie sie die Pfunde nachher wieder loswird. Oder es könnte beispielsweise zu Schwangerschaftsstreifen und Narben durch einen Kaiserschnitt kommen. Und es können noch viele andere Dinge auf dem weiten Weg der Schwangerschaft passieren.

Sie als Mann sind hingegen zu diesem Zeitpunkt noch häufiger versucht, das Thema Baby auszublenden, denn Sie unterliegen bisher keinen wirklichen Einschränkungen, weder körperlich noch seelisch.

Vergessen Sie auf keinen Fall, dass Ihre Partnerin ab jetzt nicht nur die Mutter Ihres Kindes, sondern auch Ihre Partnerin ist und gerade in dieser Zeit eine besonders liebevolle Unterstützung benötigt. Lieben Sie sie mindestens genauso wie zuvor, machen Sie ihr wenigstens ebenso viele Komplimente wie zuvor und bestätigen Sie sie stets darin, wie attraktiv sie auch als Schwangere ist. Meist sind Frauen gerade am Anfang der Schwangerschaft und beim ersten Wachsen des Bauches sehr empfindlich in Bezug auf ihre Figur. Nach einer gewissen Zeit der Schwangerschaft, also ab dem 5. bis zum 6. Monat wird Ihre Partnerin genug Selbstvertrauen aufgebaut haben, um nicht mehr an Selbstzweifeln zu leiden. Viele Frauen beginnen sich in dieser fortgeschrittenen Schwangerschaftsphase äußerst wohl zu fühlen und genießen die eigenen Rundungen. Neben der seelischen Unterstützung können Blumen, Lieblingsspeisen und andere verwöhnende Aufmerksamkeiten nie zuviel sein. Die Schwangerschaft ist sicherlich der schlechteste Zeitpunkt, um an diesen Zuwendungen zu sparen.

Da Ihre Partnerin im wahrsten Sinne des Wortes die Hauptlast der Schwangerschaft trägt, ist es besonders wichtig, dass Sie neben den materiellen und moralischen Zuwendungen auch einen besonderen Anteil an der Schwangerschaft ihrer Partnerin nehmen. Sie sollten Anteil nehmen, indem Sie die Schwangerschaft gemeinsam leben, als auch die Zeit danach zusammen vorbereiten. Zu dem Genießen der Schwangerschaft gehören die gemeinsamen Vorstellungen über das Baby, die Bilder der Ultraschalluntersuchungen, die ersten Kindsbewegungen, der pralle Bauch... Neben den Ratschlägen der eigenen Eltern, die meist nicht ganz unproblematisch sind, wie noch später in diesem Buch beschrieben, werden sich von jetzt an die Treffen mit Bekannten und Freunden, die auch Kinder haben, zum Erfahrungsaustausch häufen.

Sie sollten gemeinsam mit Ihrer Partnerin die wichtigsten Informationen sammeln und die Literatur lesen, die für die Schwangerschaft und das Kind von Bedeutung sind. Lesen Sie sich ruhig gegenseitig die Literatur laut vor. Selbstverständlich müssen Sie nicht alles mit Ihrer Partnerin lesen, sondern nur die Kapitel, die auch für Sie gemeinsam von Bedeutung sind. Indem Sie gemeinsam die Bücher lesen, schenken Sie Ihrer Partnerin die Zuwendung, die sie benötigt, und bekommen gleichzeitig alles Wissen zu den Veränderungen, die Ihre Partnerin betreffen, und lernen alles Wichtige über Ihr Baby kennen. Ihr Verständnis für die Veränderungen in der Schwangerschaft wird bei Ihnen auch die notwendige Toleranz für eventuell auftretende Spannungen erhöhen. Mit der Lektüre bereiten Sie bereits hervorragend Ihre aktive Vaterschaft vor und gehen gleichzeitig einigen möglichen Verstimmungen mit Ihrer Partnerin aus dem Weg.

Sie werden schon nach kurzer Lektüre der „Reiseführer ins Babyland" bemerken, wie viel Spaß Sie gemeinsam haben, den unbekannten Kontinent Schwangerschaft zu entdecken. Wie bei einer Reise in ein fernes Land, werden Sie die tollsten Entdeckungen machen, die die Veränderungen bei Ihrer Partnerin und das Wachstum des neu entstehenden Lebens betreffen. Beginnen Sie am besten immer damit, sich regelmäßig vertraut zu machen, wie der momentane Entwicklungsstand Ihres Babys ist. Sie erleben dann life, wie aus einer Himbeere aus Zellen ein kleiner Mensch wird, dessen Schluckauf und Tritte Sie auch bald am Bauch spüren werden und von außen sehen und bewundern können.

Harmonie, Hormone und Symptome

Grundsätzlich kann man davon ausgehen, dass sich Frauen in der Schwangerschaft äußerst wohl fühlen und selten in ihrem Leben solche Glücksmomente und -phasen erlebt haben. Trotzdem führen die starken körperlichen Veränderungen auch zu Begleiterscheinungen, die nicht immer angenehm sind.

Stellen Sie sich darauf ein, dass es Ihrer Partnerin während der Schwangerschaft körperlich zeitweise nicht besonders gut gehen kann, vor allem in den ersten Monaten und in den letzten Wochen vor der Geburt. Meist bekommen Sie als Mann aber nur die äußerlich erkennbaren Veränderungen mit. Dabei handelt es sich um die nach außen am stärksten sichtbaren Symptome, die inneren bleiben Ihnen meist verborgen. Eine Schwangere durchlebt einen komplexen physischen und psychischen Wandel.

Häufige und weithin bekannte Symptome bei Schwangerschaften sind Übelkeit, Müdigkeit, Rückenschmerzen, sonderbare Gelüste, Schlaflosigkeit und Geruchsempfindlichkeit. Versuchen Sie, wahrzunehmen und nachzuvollziehen, was Ihre Partnerin bewegt und stellen Sie sich darauf ein. Das rücksichtsvolle Verständnis wird Ihnen höher angerechnet werden, als wenn Sie Ihre Partnerin ständig bemitleiden. Schwangere wollen nicht bemitleidet werden, denn sie haben keine Krankheit und kein Problem, sondern befinden sich in einem der wunderbarsten Zustände, den sie sich selbst nur vorstellen können, obwohl diese Lebensphase auch viele Schwierigkeiten und Unannehmlichkeiten mit sich bringt. Viele von den Symptomen können zusammen wesentlich leichter kuriert werden, da gemeinsam vieles einfacher zu ertragen ist und das erwünschte Ziel ein so Wunderbares ist. Wenn Sie die Symptome einfach ignorieren und als Frauensache abtun, dann wundern Sie sich später bitte nicht, warum sich möglicherweise Ihre Beziehung langsam auseinander lebt. Schließlich wollen Sie ja auch die Aufmerksamkeit Ihrer Partnerin, wenn es Ihnen mal nicht gut geht und Sie sich nicht wohl fühlen, oder?

Manchmal gibt es auch die von allen Männern so geliebten hormonellen Veränderungen: Viele Schwangere können äußerst launisch werden. Wenn Sie vor der Schwangerschaft als Mann manchmal nicht verstanden haben, was Frauen so launisch macht, dann werden Sie jetzt gewiss ganz neue Dimensionen von Launen kennen lernen und danach die „normalen" monatlichen Launen kaum noch registrieren. Aber auch hier gilt die gleiche Grundregel des sich in die Partnerin Reinversetzens und des gemeinsamen Verstehens. Dann wird sich Ihre Partnerin wohl und geborgen fühlen und braucht nicht eventuelles Unwohlsein an der einen Stelle zu unterdrücken, damit es sich dann zu anderer Gelegenheit unvermittelt und umso stärker entlädt.

Ihre Partnerin erlebt in der Schwangerschaft eine Achterbahnfahrt von Hormonschwankungen, die sich auch auf ihre Beziehung auswirken. Wundern Sie sich zum Beispiel nicht, wenn Ihre Partnerin häufiger weint, ob vor Freude oder Unglück, das weiß sie manchmal selbst gar nicht so genau. Auch wenn sie etwas will oder nicht will, kann das extreme Formen annehmen, vor allem, wenn es auch noch im Zusammenhang mit dem Baby steht. Mit rationaler Argumentation haben Sie dann meist wenig Aussicht auf Erfolg. Sie können nur versuchen, Entscheidungen zu verschieben, um einen besseren Zeitpunkt für eine echte Diskussion oder einen einvernehmlichen Kompromiss zu finden.

Akzeptieren Sie einfach, dass mit einer Schwangerschaft plötzlich auch Ihre gesamte Beziehung in anderen Umständen ist, und reagieren sie verständnisvoll. Seien sie ihrer Partnerin nicht böse, wenn diese sich verhält, wie sie es bisher noch nie getan hat. Denken Sie einfach daran, dass die Schwangerschaft in neun Monaten vorbei ist, und versuchen Sie, die Wogen zu glätten. Seien Sie in dieser Zeit besonders harmonisch und ausgeglichen, um Ihrer Partnerin einen stabilen Felsen in der stürmischen Brandung der Hormone zu bieten. Für die Zeit der Schwangerschaft gibt es spezielle Tees auf natürlicher Basis, die äußerst positive Auswirkungen auf das physische und psychische Wohlbefinden der Schwangeren haben. Gute Erfahrungen wurden von vielen Paaren mit den Tees von der Hebamme und Buchautorin Ingeborg Stadelmann gemacht. Diese Tees finden Sie in Apotheken, die sich auf alternative Medizin spezialisiert haben.

Klassische Sorgen

Sie werden sich als Mann zunächst meist weniger Sorgen in Beziehung auf die Gesundheit von Mutter und Kind machen als Ihre Partnerin, da die Schwangerschaft noch sehr am Anfang ist und Sie fest davon überzeugt sind, dass schon alles gut geht. Ganz anders denkt aber Ihre Partnerin. Auch wenn sie so tut und häufig auch so argumentiert, dass sie sich keine Sorgen macht, so nagen doch die Zweifel und Ängste an ihr. Am einfachsten erkennen Sie das daran, wie schnell Ihre Partnerin durch Bilder oder Erzählungen von Geburten und Komplikationen für Mutter oder Kind aus der Fassung zu bringen ist und sie sich dann eventuell in Tränen aufzulösen beginnt. Diese Ängste sollten Sie ernst nehmen und darauf eingehen. Wahrscheinlich werden Sie früher oder später in anderer Form von ähnlichen Sorgen betroffen sein.

Die Sorgen der meisten Frauen während der Schwangerschaft laufen nach einem wieder erkennbaren Muster ab. Es macht Ihnen als Mann das Leben leichter, wenn Sie dieses Muster bereits im Voraus kennen. Wichtige Voraussetzung für die hier genannte Abfolge der „klassischen Sorgen“ ist, dass keine weiteren medizinischen Komplikationen eintreten, sondern es sich um einen ganz normalen und komplikationsfreien Schwangerschaftsverlauf handelt. Andernfalls werden sich natürlich weitere Probleme und Sorgen ergeben, die aber in diesem Buch keinen Platz finden können, da solche Fälle in den Bereich der medizinischen Ratgeber und Fachliteratur gehören.

Die Sorgen der Schwangerschaft in ihrer „klassischen“ Reihenfolge

a) 1. bis 4. Monat

Die erste große Sorge kommt auf, ob es zu einer Fehlgeburt kommt.

b) 2. Monat bis zum Ende der Schwangerschaft
Die zweite Sorge betrifft die Gesundheit des Fötus, die mit geeigneten Untersuchungen, wie z.B. Ultraschall, mit hohen Wahrscheinlichkeiten überprüft werden kann.
c) 3. bis 4. Monat bis zum Ende der Schwangerschaft
Mit dem langsam wachsenden Bauch beginnt Ihre Partnerin, sich Sorgen um sich selbst zu machen. Insbesondere, ob sie nach der Geburt wieder ihre alte Figur haben wird und noch genauso attraktiv ist wie vor der Schwangerschaft.
d) 6. bis 8. Monat
In diesem Zeitraum ist die Sorge besonders groß, ob es zu einer Frühgeburt kommt.
e) 8. bis 10. Monat
Die letzte Sorge innerhalb der Schwangerschaft gilt der Geburt. Werden Baby und Mutter die Strapazen der Geburt gut überstehen?

Setzen Sie sich ernsthaft mit den Sorgen Ihrer Partnerin in den verschiedenen Phasen auseinander und nehmen Sie Anteil daran, indem Sie sie seelisch unterstützen und ihr helfen, gerade in dieser Zeit alle Angstklippen zu umschiffen. Lernen Sie durch die gemeinsame Lektüre und das eigene Interesse an den Themen Schwangerschaft und Baby die Hintergründe für die Sorgen kennen. Es betrifft Sie mehr als Sie zunächst denken, weil Sie ja auch später derjenige sind, der den Rest seines Lebens mit dieser Familie verbringen wird.

Zumindest Sie müssen stets einen klaren Kopf bewahren und die rationalen Argumente von den Emotionen trennen, sollten einmal die Sorgen überhand nehmen. Eine gute gesundheitliche Vorkehrung und innerliche Beruhigung sind sicherlich die sinnvollen Untersuchungen in einem vertrauten medizinischen Umfeld.

Vorsorgeuntersuchungen

Während der Schwangerschaft kommen bei Ihrer Partnerin und Ihnen früher oder später viele Sorgen und Ängste auf, die durchaus berechtigt sind. Denn schließlich erwarten Sie ein neues Familienmitglied, für dessen weiteres Leben Sie die Verantwortung tragen. Sehr beunruhigend ist aber, dass man selbst nur einen sehr begrenzten Einfluss auf den Lauf der Dinge hat. Einer der wenigen aber besonders wichtigen Einflussfaktoren besteht in der richtigen Auswahl des medizinischen Fachpersonals, um die Schwangerschaft und die Geburt positiv zu begleiten.

Ihre Aufgabe als Mann wird sich meist darauf beschränken, Ihre Partnerin bei der Auswahl der angemessenen Vorsorgeuntersuchungen zu unterstützen und sie zu den wichtigsten zu begleiten. Sie sollten stets versuchen, sie zu beruhigen und ihr die notwendige Sicherheit und Geborgenheit zu geben. Versuchen Sie, alle aufkommenden Fragen zu versachlichen und diese gemeinsam mit ihr und den medizinischen Fachleuten Ihres Vertrauens abzuwägen. Ihre Hebamme kann Ihnen auch schon in dieser frühen Phase zur Seite stehen und manche medizinische Frage ausführlich mit Ihnen erörtern, die beim Arzt vielleicht aus Zeitmangel zu kurz gekommen wäre. Hilfreich bei der Diskussion und der Entscheidungsfindung ist es dann auch, wenn Sie gemeinsam mit Ihrer Partnerin die Schwangerschaftsliteratur studiert haben.

Wenn nun die Vorsorgeuntersuchungen beginnen, sollten Sie immer wieder gemeinsam mit Ihrer Partnerin zwischen dem Nutzen und den Risiken von bestimmten Maßnahmen abwägen. Sie und Ihre Partnerin können sich während einer Schwangerschaft in fast nichts sicher sein. Auch kein Arzt kann Ihnen eine 100-prozentige Sicherheit geben, sondern Ihnen vielfach nur Wahrscheinlichkeiten nennen. Deshalb spielt das Vertrauen, dass Sie in das medizinische Fachpersonal setzen, eine so große Rolle. Wenn Sie nach einer Untersuchung eine Aussage mit einer Wahrscheinlichkeitsangabe bekommen und Sie vertrauen noch nicht einmal dem Mediziner als Menschen, dann sind Sie sicherlich nach der Untersuchung noch verunsicherter als zuvor. Deshalb, wie ein paar Mal in diesem Buch empfohlen, suchen Sie sich eine Hebamme, einen Arzt, ein Geburtshaus oder eine Klinik und später auch einen Kinderarzt, die Ihr Vertrauen genießen. Gerade für den reibungslosen Ablauf einer Geburt kann es äußerst wichtig sein, dass sich Ihre Partnerin vollkommen sicher fühlt und den Fachleuten das ganze Vertrauen schenkt.

Nehmen Sie Anteil an der Schwangerschaft nicht nur bei der Informationssammlung und über die Literatur, sondern begleiten Sie

Ihre Partnerin auch zu den Vorsorgeuntersuchungen, insbesondere wenn der Fötus/das Baby per Ultraschall betrachtet und untersucht wird. Lassen Sie Ihre Partnerin dabei nicht allein, denn sie benötigt gerade dann Ihre Unterstützung. Diese Untersuchungen bringen jedes Mal wieder ein wenig mehr Licht in die Geheimnisse rund um das Baby. Diese Untersuchungen sind erstens fantastisch zusammen zu erleben und zweitens bergen sie natürlich auch immer das Risiko, dass in diesem Moment Unregelmäßigkeiten oder Komplikationen im Schwangerschaftsverlauf oder in der Entwicklung des Kindes festgestellt werden. Gerade in solch einem Augenblick möchte natürlich keine Frau gern allein sein. Im Zweifel gilt es auch, Entscheidungen zu treffen, die durchaus eine Tragweite haben können, dass es Sie als Eltern gemeinsam betrifft. Wenn Sie es also irgendwie beruflich einrichten können, dann sollten Sie bei den wirklich wichtigen Untersuchungen anwesend sein. Und wenn Sie es sich einmal genau überlegen, kann kaum ein Meeting so wichtig sein, wie solch ein entscheidender Moment am Anfang des Lebens Ihres Kindes, der auch Ihr gesamtes Leben prägen wird.

Wenn Sie und Ihre Partnerin in diesem schwierigen Themenfeld zusätzliche Unterstützung und Entscheidungshilfe benötigen, dann können Sie sich auch an eine Hebamme wenden. Hebammen bieten für die Pränataldiagnostik (z.B. Fruchtwasseruntersuchung, Nackenfaltemessung) auch Beratungen an. Die Kosten für die Hebammen werden von den meisten Krankenkassen übernommen.

Alarmierte Sinnesorgane

Wenn Sie auch die Erfahrung teilen, dass Frauen schon im normalen Leben über einen richtigen sechsten Sinn verfügen und auch die fünf anderen Sinne äußerst scharf sein können, dann sollten Sie sich in der kommenden Zeit auf etwas gefasst machen. Durch die Schwangerschaft werden die Sinnesorgane Ihrer Partnerin noch weiter geschärft. Sie sieht, hört, riecht und fühlt Sie von jetzt ab schon Meilen gegen den Wind und das selbst in der Dunkelheit.

Starke Gerüche, wie Benzin an Tankstellen, Heizungen von Autos, fettige Küchengerüche, Abgasgerüche in Flugzeugen oder ähnliches können Ihre Partnerin und damit auch Sie zwingen, entweder panikartig die Flucht zu ergreifen oder zunächst schnell einen Beutel zum Übergeben zu holen, um danach das Weite zu suchen.

Wundern Sie sich nicht, wenn sich selbst die Essgewohnheiten Ihrer Partnerin grundlegend verändern. Auch hier gilt die wichtige Regel, die ab jetzt für Sie immer gilt: Sicher ist nur, dass nichts sicher ist. Was Ihrer Partnerin heute noch schmeckt, kann morgen schon wieder als ungenießbar erscheinen und umgekehrt. Wenn Sie also Ihrer Liebsten etwas kochen, versichern Sie sich besser vorher, ob Sie auch dann noch darauf Appetit hat, ansonsten kann es Ihnen gut passieren, dass Sie Ihr Überraschungsmenü ganz alleine verspeisen müssen.

Geräusche sollten fortan nicht zu laut und nicht störend sein. Plötzliche laute Geräusche, die womöglich noch Ihre Partnerin erschrecken, bringen auch das ungeborene Leben in Unruhe. In den späten Monaten der Schwangerschaft wird das Baby meist schon vom Klingeln des Weckers wach und beginnt sich spürbar zu bewegen. Vermeiden Sie also zuviel unnötigen Lärm in der Umgebung Ihrer schwangeren Partnerin.

Auch der berühmte sechste Sinn der Frauen, die Intuition, die Vorahnungen und die spontanen Zu- oder Abneigungen gegen alles und jeden gewinnen noch an Ausgeprägtheit. Wird während der Schwangerschaft von Ihrer Partnerin etwas befürwortet oder abgelehnt, so bedarf es eines riesigen Aufwands an rationalen Argumenten, diese Meinung wieder sanft umzustimmen. Versuchen Sie keinesfalls ihr etwas aufzuzwingen, denn wenn das schief geht, haben Sie wahrscheinlich ein wesentlich größeres Problem.

Potentiell negative Wahrnehmungen, Erfahrungen und Begegnungen führen bei Ihrer Partnerin während der Schwangerschaft zu besonders ausgeprägten Abwehrreaktionen. Die Abwehrhaltungen können dann denen einer Löwenmutter gleichen. Dann wird in der Regel die „Löwenmutterabwehr“ angewendet und alles weggebissen, egal, ob es die Umstände erfordern oder die Schwangere nur meint, dass es die Umstände erfordern könnten. Die gesteigerte Empfindlichkeit der Sinnesorgane führt dazu, dass sich auch die Reizbarkeit in Löwenmanier entwickeln kann.

Karriere und Schwangerschaft

Mit einem Kind verändert sich fortan Ihr Berufsleben. Sie können nicht mehr, wie bisher, Ihrer Arbeit und Ihrer Freizeit ohne eine genau durchgeplante Organisation und größere Einschränkungen nachgehen. Das Baby rückt in den Vordergrund und wird Ihnen kaum noch Zeit für sich selbst lassen, geschweige denn für die vielen anderen Dinge, die es neben dem Berufsleben gibt.

Überlegen Sie sich frühzeitig, wie Sie die Zeit nach der Schwangerschaft organisieren und wen Sie eventuell noch als externe Hilfe hinzuziehen könnten. Denn ein Baby erfordert, wie bereits an einigen Stellen in diesem Buch erwähnt, eine 24-Stunden-Betreuung. Und da ist es sehr hilfreich, wenn einige Monate nach der Geburt zumindest an einigen Tagen eine „Schicht" beispielsweise an eine Großmutter oder einen Großvater abgegeben werden kann. Was man sich vorher nicht wirklich vorstellen kann, wird dann Realität: Sie haben gemeinsam mit Ihrer Partnerin die volle Verantwortung für einen kleinen Menschen, der 24 Stunden und sieben Tage in der Woche und das 365 Tage im Jahr auf Ihre ständige Fürsorge und sofortige Rufbereitschaft angewiesen ist.

Das heißt im Klartext, schon ein Gang auf die Toilette, eine Dusche oder der kurze Einkauf, entwickeln sich vor allem in den ersten Wochen zu einem echten Aufwand. Gehen Sie auch nicht von der verkehrten Annahme aus, dass das Baby die meiste Zeit schläft. Wenn Sie Glück haben, dann wird es so sein, dass Ihr Baby die meiste Zeit der Nacht schläft. Am Tage wird Ihr Baby aber nur verhältnismäßig kurze Schlafphasen einlegen.

Spätestens in dem Moment, in dem Ihre Partnerin schwanger ist, sollten Sie über die gemeinsame berufliche Zukunft sprechen. Je nach Ihrer individuellen beruflichen Situation und der Ihrer Partnerin, ergeben sich verschiedene Möglichkeiten, von denen die beste für die zukünftige Familie und für alle Beteiligten auszuwählen ist. Besonders betont wird das hier, weil Sie ab jetzt nicht vergessen dürfen, immer für drei Menschen, also für eine Familie, zu planen.

Die traditionelle Rollenverteilung der Frau, die nur zu Hause bleiben will, gibt es heutzutage immer seltener. Selbst wenn es bei Ihnen der Fall sein sollte, dass Ihre Frau zugunsten des Babys für eine Zeit aussetzt, dann sollten Sie sie trotzdem nach Kräften unterstützen, wie in diesem Buch aufgezeigt. Denn das stärkt Ihre Partnerin und gibt ihr Raum, sich auch noch ein wenig Leben jenseits des Babys zu gönnen. Sie erzielen damit zwei Vorteile: zum einen stärkt das Ihre gemeinsame Beziehung und zum anderen verleiht Ihnen das von Anfang an eine sehr enge Beziehung zu Ihrem Kind.

Wenn einer von Ihnen oder sogar beide selbständig sind, dann haben Sie zwar den Vorteil, dass Sie sich theoretisch selbst die Zeit einteilen können, aber es gibt niemanden der Sie unterstützt, und Sie müssen das Kunststück vollbringen, nicht nur wie bisher, meist mehr als die meisten Angestellten zu arbeiten, sondern haben auch noch zusätzlich keine Möglichkeit für eine Auszeit und eine externe Unterstützung.

Es gibt immer mehr Paare, deren beide Teile eine Karriere verfolgen. Ist dies der Fall, so haben theoretisch beide Elternteile die Möglichkeit, einen Erziehungsurlaub zu beginnen. Bei Männern wird das in der Regel noch mit Argwohn betrachtet. Aber weder für Frauen noch für Männer sind Erziehungsurlaub und der Hinweis auf die aktive Rolle als Elternteil Karriere fördernd oder bei den Arbeitgebern gern gesehen.

Das Thema Familie hat im Management und sowieso im gehobenen Management immer noch nichts verloren und gilt einfach als Statussymbol, das man besitzt, worum sich aber andere kümmern und worunter keinesfalls die Arbeitskraft und der Zeiteinsatz leiden dürfen. Deshalb wird auch in Managerkreisen davon ausgegangen, dass es eine persönliche Grundsatzentscheidung geben muss, die entweder Familie oder Karriere heißt. Diese strikte Haltung verliert aber in Teilen der jüngeren Generation an Unterstützung. Zum Einen sehen viele junge Manager inzwischen, dass es auch ein Leben jenseits des Unternehmens gibt und dass die Familie einen der wichtigsten Faktoren im eigenen Leben darstellt. Zum Anderen beginnen die Positionen aufzuweichen, nachdem sich viele Jungmanager auch nach Jahren der kinderlosen Aufopferung für ihr Unternehmen nur noch verzweifelt an Ihren Posten klammern oder sogar schon auf der Straße sitzen.

Viele Männer wollen nicht mehr nur die Ernährer, sondern zunehmend auch die Erzieher ihrer eigenen Kinder sein. Aber bei voller beruflicher Belastung merken sie schnell, dass sie sich auf das härteste Projekt eingelassen haben, das sie je angefangen haben. Trotzdem, nach einer Weile gewöhnen sich alle Seiten aneinander – die Eltern an das Baby und das Baby an die Eltern. So kommt eine gewisse Routine und Übung in die Kinderbetreuung und dadurch wird alles immer einfacher.

Karriere machen und trotzdem aktiv die Kindererziehung begleiten kann im Idealfall funktionieren, indem die Aufgaben zwischen den Eltern klar aufgeteilt und die beruflichen Aktivitäten konzentriert und sehr stringent durchgezogen werden. Deshalb ist es auch kein Wunder, dass man gerade bei Leuten mit Kindern eine äußerst effiziente und konzentrierte Arbeitsweise erkennen kann. Die wenige Zeit, die diesen Leuten zum Arbeiten verbleibt, muss effizient genutzt werden. Häufig werden diese arbeitenden Eltern dann aber durch ihr frühes Verlassen des Arbeitsplatzes mit dem Problem konfrontiert, dass in den Unternehmen immer noch die Regel gilt, wer früher geht, hat weniger Karrierechancen. Studien zeigen, dass vor allem die Angestellten befördert werden, die am längsten am Arbeitsplatz sind. Zusätzliches Problem ist, dass die Babys meist gerade dann kommen, wenn die Karriere erst so richtig losgeht und die neuen Positionen noch erkämpft oder stark verteidigt werden müssen. Zu diesem Zeitpunkt führt die Doppelbelastung von Karriere und aktiver Vaterschaft häufig zu Erschöpfungszuständen und körperlichen Zusammenbrüchen.

Ganz einfach stellt sich die Situation für den Hauptemährer auch aus einem weiteren Grund nicht dar: Die Gefahr, durch eine verminderte berufliche Aktivität das Haushaltseinkommen zu gefährden, ruft häufig wieder die Frauen auf den Plan, die um die Zukunft der jungen Familie bangen und sich schon mit dem Baby in der Gosse enden sehen. Mit diesem Alptraum vor Augen treten viele Frauen in ihrer Karriere dann doch lieber etwas kürzer und kümmern sich nur noch um das Kind, um dem Mann komplett „den Rücken freizuhalten“ und das weitere Überleben der Familie zu sichern.

Aus Erfahrung haben sich die nachfolgenden Ratschläge für die Verbindung von Baby und Karriere bewährt:

- effiziente und genau geplante Organisation von Beruf, Freizeit und Familie;
- flexible Arbeit – möglichst flexible Arbeitszeiten und flexible Aufgabeneinteilung;
- feste Aufteilung des Babysittings;
- dritte Personen einbinden, die mit dem Baby sehr eng vertraut sind, zu fest geregelten Zeiten das Babysitting übernehmen und auch notfalls flexibel einspringen können;
- später zusätzlich Betreuung durch Babykrippen, Au Pair und Kindergärten;
- volle Konzentration auf das, was man gerade macht – Beruf, Babysitting oder etwas anderes.

Verstehen Sie diese Ratschläge als Anregungen, um für sich selbst das Thema von allen Seiten zu beleuchten und die notwendigen Planungen vorzunehmen. In der jetzigen Phase sollten Sie sich generell überlegen, wie Sie alles organisieren und einteilen wollen, welche Verwandten oder bekannten Personen bereits während der ersten Lebensmonate das Vertrauen Ihres Kindes für ein späteres Babysitting gewinnen sollten.

Wenn die Geburt gut überstanden ist, beginnt nach wenigen Wochen die Feinplanung: Sie sollten zunächst mit Ihrer Partnerin besprechen, zu welchen Zeiten wer aufpasst. Diese Zeiten müssen auch mit dem eventuellen Stillen der Mutter abgeglichen werden. Natürlich sind die ersten Wochen davon weitgehend ausgenommen, denn in diesen ersten Lebenstagen wird sich schon aus biologischen Gründen die Mutter besonders intensiv um das Neugeborene kümmern müssen.

Sex und Zärtlichkeiten

Sex in der Schwangerschaft ist grundsätzlich erlaubt und keinesfalls tabu. In einer komplikationsfreien Schwangerschaft kann Sex weder der Mutter noch dem Kind Schaden zufügen, sondern ganz im Gegenteil auch noch medizinisch sinnvoll sein, um beispielsweise den Beckenboden auf die Geburt vorzubereiten.

Sicherlich ist der Sex in der Schwangerschaft anders als zuvor. Den Mann plagen häufig Bedenken, dass er Mutter und Kind verletzen könnte. Im Allgemeinen gilt aber Sex als ungefährlich für Mutter und Kind, also braucht Mann keine Bedenken zu haben. Im Zweifel sollte das besser noch einmal mit dem Gynäkologen oder der Hebamme geklärt werden.

Die schwangeren Frauen durchlaufen meist unterschiedliche Phasen, die von Lust oder Unlust auf Sex geprägt sind. Im Vordergrund stehen dann eher der Austausch von Zärtlichkeiten und die Romantik, als die sexuelle Ekstase. Zärtlichkeiten und der besonders liebevolle Umgang in dieser Zeit sind gerade unter diesen anderen Umständen sehr wichtig. Insbesondere, weil sich manche Frauen durch ihren veränderten Körper phasenweise weniger attraktiv fühlen und der Mann trotzdem nicht auf seine Streicheleinheiten verzichten will. Der gesellschaftliche Schlankheitsterror ist aber besonders während einer Schwangerschaft vollkommen deplaziert, und Sie sollten Ihre Partnerin darin bestärken, sich nicht davon beirren zu lassen, sondern die neue Schönheit des Körpers besonders zu genießen. Wie immer beim Sex und bei Zärtlichkeit kann es hier keine pauschalen Ratschläge geben, sondern insbesondere in dieser Zeit sollten Sie sich einfühlsam auf die Bedürfnisse Ihrer Partnerin einstellen.

Wichtig ist es aber auch, das Thema Sex neben den Zärtlichkeiten nicht vollkommen auszublenden, sondern sich im Zweifel über die Gefühle, Bedürfnisse und Gelüste gegenseitig auszutauschen, um nicht irgendwann mit unerwarteten Enttäuschungen konfrontiert zu werden.

Namensfindung

Das Thema Namensfindung für das eigene Kind ist in einem Kapitel natürlich nicht abschließend zu behandeln, sondern beschäftigt normalerweise ganze Bücher. Hier sollen nur einige pragmatische Hinweise gegeben werden, wie Sie schnell und unkompliziert geeignete Vornamen finden können. Die eigentliche Auswahl des Namens ist natürlich meist eine Geschmacksfrage und nur noch selten von Traditionen geprägt. Manche Eltern erledigen die Namenssuche ganz schnell und bei anderen dauert es bis nach der Geburt, da sie das Kind erst anschauen wollen, um zu sehen, ob der Name auch zum Kind passt. Übrigens muss der Name in Deutschland erst einen Monat nach der Geburt bei der Anmeldung der Geburtsurkunde beim Standesamt festgelegt werden. Insofern können Sie sich ruhig etwas Zeit lassen.

Die Namensfindung beginnt heutzutage häufig damit, sich mit der Partnerin zunächst einmal über den Nachnamen zu verständigen. Und dies kann, wie so oft im Leben, entweder ganz unkompliziert sein oder auch erhebliches Streitpotential in sich bergen. Der Einfachheit halber setzen wir einmal voraus, dass der Nachname bereits feststeht.

Für den Vornamen ist es natürlich sinnvoll, das Geschlecht des kleinen Menschleins zu kennen, um die Suche zumindest um 50 Prozent der Auswahl einzugrenzen. Heutzutage gibt es fast keinen Namen mehr, der nicht in Frage kommen könnte, egal, von wo und aus welchem Zeitalter er kommt. Insofern ist die Auswahl umso größer und fällt umso schwerer.

Wenn Sie nicht wollen, dass sich später der halbe Spielplatz nach Ihnen umdreht, wenn Sie den Namen Ihres Kindes rufen, dann sollten Sie sich die aktuellen Namenshitlisten über das Internet, in Zeitschriften oder in aktuellen Namensbüchern anschauen. Auch Standesbeamte helfen dabei gern. So wissen Sie zumindest schon einmal, wie Ihr Kind nicht heißen sollte.

Ansonsten müssen Sie eben auch die gleichen Quellen, wie oben genannt, verwenden, um die mögliche Namensauswahl zu treffen. – Lassen Sie sich hierfür Zeit. Umgekehrt könnte auch gesagt werden, beginnen Sie rechtzeitig, denn die Namensauswahl kann mehr Zeit beanspruchen, als Sie anfangs meinen. Vielleicht bedenken Sie auch noch zusätzlich, was dieser Name neben seiner Bedeutung innerhalb des eigenen Landes international ausdrückt und wie er aussprechbar ist. Mit der zunehmenden Internationalisierung und Globalisierung der Lebensverhältnisse wird es immer wahrscheinlicher, dass Ihr Kind später beruflich in einem internationalen Umfeld tätig wird und dann sollte der Name möglichst leicht aussprechbar sein.

Wenn Sie noch Meinungen zu den Namen von Dritten einholen wollen, dann überlegen Sie sich gut, mit wem Sie die engere Auswahl an Namen überdenken wollen. Sie können sicher sein, dass Sie von jeder Reaktion beeinflusst werden. Je nachdem, wen Sie nach einem Namen befragen, werden Sie auch die zu dieser Person passende Antwort erhalten. Das kann im schlimmsten Fall die Folge haben, dass Sie einen Namen verwerfen, der Ihnen und Ihrem Kind vielleicht ein Leben lang gut gefallen hätte.

Viele Freunde und die Eltern werden Ihnen auch einen oder mehrere Namen vorschlagen oder eine Methode, wie sie den Namen finden können. Dabei gibt es unter anderem „so hilfreiche Vorschläge", wie: „Nimm doch einen ganz einfachen Namen, wie Peter oder Roland." Sie sollten sich auf jeden Fall auf sich selbst verlassen und gemeinsam mit Ihrer Partnerin den Namen in Ruhe nach Ihrer eigenen Methode auswählen. Lassen Sie besser nicht zu viele Köche an dem Namensbrei mitkochen.

Versuchen Sie möglichst nicht, besonders originell, kreativ oder ausgefallen zu sein, ohne die Folgen für Ihr Kind abzuschätzen. Stellen Sie sich den Namen auch gerufen in Alltagssituationen vor. Würden Sie gern Ihr Kind im Supermarkt XYZ rufen? Und ist der Name auch hilfreich bei einer späteren Jobsuche? Ist das ein Name, der beispielsweise in der Schule andere Kinder dazu herausfordert, verletzende und entwürdigende Abwandlungen daran vorzunehmen?

Der Name ist für sein ganzes Leben die Visitenkarte Ihres Kindes. Sie treffen deshalb mit der Namenswahl eine so dramatisch wichtige Entscheidung für Ihr Kind und sich selbst. Lassen Sie sich Zeit und Ruhe für die richtige Auswahl. Sie können sich Ihr Kind auch erst einmal nach der Geburt anschauen, um zu sehen, welcher Name denn am besten zu ihm passt, da Sie – wie bereits erwähnt – erst nach vier Wochen den Namen für die Geburtsurkunde angeben müssen.

Viel Party, kein Alk

Verbieten Sie sich und Ihrer Partnerin bloß nicht schon während der Schwangerschaft das Ausgehen. Ganz im Gegenteil: Nutzen Sie diese letzte Zeit zu zweit mehr als sonst, um noch einmal abends wegzugehen, ohne organisatorisch, emotional oder finanziell belastet zu werden. Denn nach der Geburt stellt jedes gemeinsame Ausgehen ein Problem dar. Vor allem in der ersten Zeit des Elternseins – und diese „erste Zeit" kann bis zu einigen Jahren dauern. Zur bildhaften Erläuterung drei Beispiele zu diesem Thema:

a.) Die Idee, spontan gemeinsam ohne Kind auszugehen, kann man meist gleich aufgeben, da ein vertrauter Babysitter in der Regel eine gewisse Vorwarnzeit benötigt.

b.) Ein Babysitter, den man bezahlen muss, liegt heutzutage zwischen 5 und 10 Euro pro Stunde, also kann das Essengehen mit einem anschließenden Kinobesuch, schnell 25 bis 50 Euro extra kosten.

c.) Man geht auch nur gern aus, wenn man weiß, dass es dem Kind gut geht. Doch gerade die Abendstunden und das In-das-Bett-Bringen sind meist die problematischsten Zeiten, die man nur einer sehr gut eingeführten Person anvertrauen kann. Und da man sich gerade in der ersten Zeit nicht sicher ist und das Baby meist auch noch gestillt werden muss, verzichtet man einfach lieber komplett auf das Ausgehen.

Also nutzen Sie noch einmal die vorerst letzte Zeit für viele gemeinsame Kino-, Konzert-, und Theaterbesuche und andere Unternehmungen wie die bereits erwähnten Reisen.

Wenn Sie ausgehen, dann muss Ihre Partnerin nicht immer mit einer Apfelsaftschorle Trübsal blasen. Nach einer gewissen Zeit der Abstinenz können ein alkoholfreies Bier oder ein alkoholfreier Sekt schon wieder richtige Höhepunkte und eine willkommene Abwechslung für sie darstellen. Vor allem sind die alkoholfreien Getränkevarianten ein geschickter Trick, wenn Sie in den ersten Schwangerschaftsmonaten noch nicht wollen, dass die Schwangerschaft gleich jedem auffällt.

Immer in Bewegung bleiben

Wenn sich Ihr Baby zum ersten Mal deutlich spürbar im Bauch Ihrer Partnerin regt, dann können Sie beide es zunächst kaum glauben. Aber schon nach wenigen Tagen gibt es keinen weiteren Zweifel: Das Baby beginnt sich mit einer immer größeren Regelmäßigkeit zu bewegen. Versuchen Sie als Mann, diese ersten Bewegungen Ihres Babys so früh wie möglich zu erspüren oder auch direkt auf der Bauchoberfläche zu sehen. Genießen Sie diese Kindsbewegungen im Mutterleib möglichst häufig gemeinsam. Legen Sie Ihrer Partnerin beispielsweise nachts die Hand auf den Bauch, um auch an den nächtlichen Bewegungen teilzuhaben.

Bewegung tut nicht nur Ihrem Baby gut, sondern auch Ihrer Partnerin. Animieren Sie Ihre Partnerin, so lange es ihr irgend möglich ist, sportlich aktiv zu bleiben. Viele leichte Sportarten können praktisch bis zum Tag der Geburt ausgeübt werden, beispielsweise Fahrradfahren. Welche Sportarten konkret in Frage kommen, sollte Ihre Frau sicherheitshalber mit der Hebamme klären.

Am besten treiben Sie gemeinsam mit Ihrer Partnerin Sport. So kann etwa der Sonntagsausflug gleich als Chance für eine gemeinsame Fahrradtour genutzt werden. Die sportliche Aktivität führt zu einer gesteigerten Durchblutung, einem erhöhten Sauerstoffgehalt im Blut und hält fit. Das ist sehr gut für die Geburt, für die Zeit danach sowie für das Kind – und natürlich damit in der Summe auch für Sie. Vor allem tut auch Ihnen Sport gut, da Männer in der Schwangerschaft stark gefährdet sind, an Gewicht zuzunehmen, das sie nur schwer wieder loswerden, wie Sie ja bereits gelesen haben.

Schwangerschaft und Großeltern

Sofern die Großeltern in der Nähe wohnen, können sie im Allgemeinen wunderbare Begleitung und Unterstützung sein, vor allem wenn es um Babys geht. Großeltern im Ruhestand haben die notwendige Zeit und sind meist nur noch wenig beruflich eingespannt, so dass sie sich voll und ganz der Aufgabe des Babysittings widmen können. Meist tun sie das auch sehr gern und mit großer Hingabe. Es gibt kaum etwas Besseres für Ihr kleines Baby als die vertrauten Großeltern, die noch jung geblieben, mobil und rüstig sind und sich liebevoll um Ihren Nachwuchs kümmern.

Nutzen Sie schon die Zeit der Schwangerschaft, um Ihre Vorstellungen von Pflege und Erziehung mit denen der Großeltern abzugleichen, denn die Vorstellungen von heute und von vor einigen Jahrzehnten sind meist recht unterschiedlich. Aus diesen unterschiedlichen Ansätzen können sich schnell Streitpunkte entwickeln, die im Vorfeld durch gemeinsame Gespräche einfach zu vermeiden sind.

Gerade bei der ersten Schwangerschaft besteht besonders die Gefahr, dass kurzfristige Spannungen zwischen der Schwangeren und den Eltern, insbesondere mit ihren eigenen Müttern oder/und den Schwiegermüttern auftreten können. Als Hauptgründe für die Spannungen lassen sich die folgenden Ursachen identifizieren:

- dass die bisherige Mutter jetzt unfreiwillig in die Omarolle gedrängt wird oder sich zumindest erst einmal mit ihr vertraut machen muss,
- dass die bisherige Tochter jetzt selbst zur Mutter wird und damit der Mutter als eigenes Kind mehr oder weniger verloren geht,
- dass die Oma ständig alles besser wissen will und darauf beharrt, obwohl das Wissen meist schon mehr als 20 Jahre alt ist und sich vieles geändert hat,
- dass die Oma mit den neuen Erziehungsmethoden in Kontakt kommt und selbst in Erklärungsnot gerät, wie sie die eigene Tochter erzogen hat,
- die Tochter erfährt nach und nach aus Erzählungen, wie sie erzogen wurde und ist entsetzt darüber,
- alte Konflikte, die immer bedeckt gehalten wurden, eskalieren und brechen erneut auf.

Sie sehen, es finden sich genügend Gründe, um Streitpotentiale zu identifizieren und Sie könnten wahrscheinlich noch einige weitere hinzufügen. Hinzu kommt, dass in der Schwangerschaft verstärkt alte Streitpunkte hochkommen, die bereits seit Jahren köcheln. Alle bisher mühsam verdeckten Konflikte werden durch die neue Familienkonstellation zu Tage gefördert.

Was können Sie dagegen tun? Halten Sie sich als Mann aus den Spannungen raus und lassen Sie sich von keiner fremden Seite vereinnahmen, sondern stehen Sie im Zweifel immer auf der Seite Ihrer schwangeren Partnerin. Versuchen Sie, sofern es zu längerfristigen Spannungen kommt, den Kontakt zu der Streitpartei auf ein Minimum zu reduzieren. Weiterhin können Sie versuchen, die Diskussionen zu versachlichen und die Emotionen abzukühlen. Nach innen sollten Sie stets die Wogen glätten und auf Ihre Partnerin einen harmonisierenden Einfluss ausüben. Nach außen sollten Sie in Absprache mit Ihrer Partnerin eine vermittelnde Rolle einnehmen.

Versuchen Sie stets, im Voraus zu agieren, da Sie aus der oben genannten Aufzählung wissen, was die wesentlichen Probleme sein könnten, die auf Sie zukommen. Sprechen Sie mit Ihrer Partnerin über mögliche Streitpunkte und entschärfen Sie diese, bevor sie auftauchen.

Mit den Großvätern sollte es in der Regel weniger problematisch sein, aber die Ausnahme bestätigt ja bekanntlich die Regel. Meist sind den Großvätern familiäre Details nicht so wichtig, als das sie sich deswegen streiten würden. Von der Tendenz her scheint es inzwischen sogar so zu sein, dass die Großväter sich vermehrt aktiv an der Erziehung der Enkel beteiligen, da sie entdecken, was ihnen entgangen ist, als ganze Generationen immer dachten, Babys und Kinder wären vor allem Frauensache.

Total schwanger – 3. bis 6. Monat

Schulmedizin und alternative Medizin

Sie werden selten in Ihrem Leben mit so vielen Gesundheitsexperten und -institutionen zusammengekommen sein, wie während und nach der Schwangerschaft. Das ist nicht immer eine Freude, denn häufig haben diese Institutionen noch immer das Flair von „Kranken-Häusern" und sind nicht gerade der Ort, an dem man sich gern aufhält. Selbstverständlich gibt es aber auch die für Sie idealen Experten und Institutionen, Sie müssen sie nur finden...

Sie können sich viel Ärger und Sorgen ersparen, wenn Sie sich im Vorfeld die richtigen Experten und Institutionen nach Ihren eigenen Vorstellungen auswählen. Das setzt natürlich voraus, dass die Region auch eine Auswahl an medizinischen Experten und Institutionen ermöglicht. Aber grundsätzlich sollte Ihnen für Ihre Partnerin und Ihr Baby kein Weg zu weit sein.

Sie sollten sich mit Ihrer Partnerin die Ärzte und eine Hebamme aussuchen, die neben dem Sympathiefaktor den Vorstellungen von der Behandlung mit reiner Schulmedizin oder einer Verbindung von Schulmedizin und alternativer Medizin entsprechen. Dies gilt sowohl für die Betreuung der Schwangerschaft, als auch für die Ihres Babys. Bei kleineren Beschwerden können Mutter und Kind häufig mit alten Hausmitteln oder einer alternativen Anwendung hervorragend behandelt werden, es bedarf nicht immer der Medikamente der Schulmedizin. Inzwischen haben die meisten Ärzte und Hebammen die Möglichkeiten der alternativen Methoden zu schätzen gelernt und behandeln dementsprechend.

Wichtiger als Sie es von sich selbst kennen, ist in diesem Zusammenhang auch die Art der generellen Umgangsformen mit Ihrem Baby. Sie werden sehen, dass Sie wesentlich genauer als bei sich selbst darauf achten, wie eine dritte Person mit Ihrem Baby umgeht. Und Sie haben nur sehr begrenzt Verständnis, wenn das nicht Ihren Vorstellungen entspricht, da es für Sie in diesem Moment kaum etwas Verletzlicheres und Zarteres als Ihr neugeborenes Baby gibt. – Lassen Sie es also gar nicht erst so weit kommen, sondern treffen Sie schon im Vorfeld die richtige Wahl, um dann eine gute und Ihren Wünschen angemessene medizinische Betreuung zu erhalten.

Als beispielhaftes Thema, um Mediziner mit den eigenen Vorstellungen abzugleichen, seien an dieser Stelle die Impfungen für das Baby genannt. Es ist heutzutage ein viel diskutiertes Thema, welche Impfungen überhaupt, zu welchem Zeitpunkt, in welcher Kombination und von welchem Hersteller, verabreicht werden sollen. Wenn Sie mit den Medizinern darin im Prinzip übereinstimmen, können Sie sich wahrscheinlich viele Diskussionen ersparen.

Deshalb ist es das Einfachste, wenn Sie die Sie betreuenden Mediziner im Vorfeld kennen lernen, um nicht bei jeder Frage in Detaildiskussionen zu entgleiten. So können Sie vorher auch schon den Kinderarzt auswählen, obwohl Ihr Kind noch im Mutterleib ist.

In jedem Fall sollten Sie aber auch die Hebamme und Bekannte oder Verwandte mit Kindern nach ihren Erfahrungen, Empfehlungen und Ratschlägen befragen.

Das sind bei weitem alles nicht „Frauenthemen", sondern das alles wird Sie auch ganz direkt betreffen. Je unkomplizierter die Schwangerschaft verläuft und je besser es später Ihrem Baby geht, desto eine einfachere und schönere Zeit werden Sie genießen. Denn auch nur geringe Beeinträchtigungen und Komplikationen werden sich äußerst nervenaufreibend auf die Beziehung zu Ihrer Partnerin und zu Ihrem Baby auswirken.

Geburt: zu Hause, ambulant oder stationär

Sie sollten sich frühzeitig mit Ihrer Partnerin über das Thema Geburt auseinandersetzen. Sofern keine medizinischen Indikationen und geographischen Beschränkungen dagegen sprechen, stehen Ihrer Partnerin grundsätzlich drei Optionen für eine Geburt zur Verfügung: die Hausgeburt, die ambulante Geburt und die stationäre Geburt. Informieren Sie sich im Vorfeld über die drei Möglichkeiten. Schauen Sie sich gemeinsam die entsprechenden Institutionen an. Häufig werden Informationstage angeboten, auf denen über das Leistungsspektrum und den Ablauf der Geburt berichtet wird. Neben den medizinischen Notwendigkeiten ist es das Wichtigste, dass sich Ihre Partnerin wohl fühlt und Vertrauen zu den Ärzten, den Hebammen und dem sonstigen Personal gewinnt. Eine Geburt ist ein äußerst persönlicher Vorgang, der generell umso reibungsloser abläuft, je besser sich Ihre Partnerin in der Umgebung fühlt und je mehr sie sich fallen lassen kann. Unterstützen Sie Ihre Partnerin bei der Auswahl des passenden Geburtsorts, indem Sie Ihr helfen, das Für und Wider klar zu sortieren. Letztlich sollte aber das Gefühl Ihrer Partnerin den Ausschlag geben.

Die Vor- und Nachteile der verschiedenen Geburtsorte können folgendermaßen zusammengefasst werden:

Klinik mit stationärem Aufenthalt oder ambulanter Geburt
Eine Klinik sollte über alle technischen Möglichkeiten und Spezialisten verfügen, die bei Komplikationen notwendig sind. Bei einer Schwangerschaft mit Komplikationen oder bei zu erwartenden Komplikationen sollte immer eine Klinik mit angeschlossener Kinderklinik gewählt werden.
In einer Klinik kennen Sie höchstwahrscheinlich nicht das betreuende medizinische Team und die ganze Atmosphäre ist sehr anonym. Wenn die Frau noch einige Tage im Krankenhaus bleibt, ist die hektische Unruhe eines Krankenhauses wenig förderlich für die Genesung von Mutter und Neugeborenem, sofern es nicht unbedingt notwendig ist. Wenn es, aus welchen Gründen auch immer, ein Krankenhaus sein soll, sollte man die Option der ambulanten Geburt ernsthaft prüfen, sofern diese medizinisch möglich ist.
Die Nachbetreuung wird in der Regel nicht vom Geburtsteam übernommen.

Geburtshaus
Wenn eine komplikationsfreie Geburt zu erwarten ist, sind die persönliche Atmosphäre und das vertraute medizinische Team eines Geburtshauses sicherlich äußerst angenehm. Die Geburtshäuser verfügen über die notwendige Technik und Expertise, um im Notfall alle notwendigen Schritte einzuleiten. Schwere Komplikationen bei Mutter oder Kind müssen allerdings in den entsprechenden Fachkliniken versorgt

werden. Geburtshäuser bieten überwiegend ambulante Geburten an, können teilweise aber auch einen stationären Aufenthalt ermöglichen. Im Geburtshaus offeriert die ambulante Geburt in vertrauter Umgebung den idealen Rahmen, um bei einer optimalen Sicherheit aus der Geburt ein ganz persönliches Familienerlebnis mit viel Freude werden zu lassen. Mutter und Kind können sich so von Anfang an ungestört kennen lernen und das Stillen üben.
Die Nachbetreuung kann von den gleichen Personen übernommen werden, die den Verlauf der Geburt miterlebt haben.

Hausgeburt
Die Hausgeburt empfiehlt sich eher bei Zweitgeburten, wenn die erste Geburt komplikationsfrei abgelaufen ist. Die Hausgeburt bietet ein noch intimeres und familiäreres Erlebnis als das Geburtshaus es leisten kann. Allerdings muss man dafür auch akzeptieren, dass es noch weiter eingeschränkte Behandlungsmöglichkeiten bei Komplikationen während der Geburt gibt und im Zweifel eine Einweisung in ein Krankenhaus erfolgen muss.

Denken Sie bitte nicht, dass das alles wieder nur Ihre Partnerin betrifft. Sie sind höchstwahrscheinlich bei der Geburt dabei und Sie werden merken, wie ernst die Situation für Ihre Partnerin und Ihr Baby während der Geburt ist. In diesem Moment werden Sie sich wünschen, dass Sie zu den Ärzten und der Hebamme vollstes Vertrauen haben. Als Laie können Sie sowieso gar nichts machen und sind insofern komplett auf die Kompetenz der Experten vor Ort angewiesen. Selbst wenn alles komplikationsfrei abläuft, werden Sie für mehrere Stunden mit diesen Menschen Ihre Partnerin bei der Geburt unterstützen und gerade in dieser höchst persönlichen Situation sollten Sie sich sowohl mit den Menschen als auch in den Räumen wohl fühlen.

Viel geredet wird über die „sanfte Geburt“. Die Geburt selbst kann eigentlich nicht viel „sanfter“ gemacht werden, aber die Atmosphäre, in der sie stattfindet. Kompetente, sympathische Menschen, ein warmer Raum mit gedämpftem Licht und vielleicht etwas Musik können viel helfen. Der Kreissaal muss auch nicht unbedingt den Charme eines gekachelten Operationssaals versprühen, sondern kann freundlich und angenehm sein und trotzdem alle medizinischen Möglichkeiten für eine Geburt bieten.

Es fällt nicht schwer sich vorzustellen, wie sich ein Neugeborenes fühlt, wenn es aus dem dunklen, dumpfen, ruhigen, warmen Wasser durch einen engen Kanal gepresst und dann an die Luft, ins Helle, Laute und Kalte kommt. Der Empfang des Babys sollte dementsprechend sanft und liebevoll vonstatten gehen. Wenn das Baby sich ein wenig an die Welt gewöhnt hat und zu schlecken und zu schmatzen beginnt, sollte es mit Unterstützung der Hebamme zum ersten Mal an die Brust angelegt werden. Ihre Hebamme wird Ihrer Partnerin dann zeigen, wie sie Ihr Baby richtig stillt. Das Baby sollte sofort nach der Geburt angelegt und gestillt werden, desto weniger Probleme ergeben sich später beim Stillen. Erst danach sollte das frisch geschlüpfte Baby sanft und ohne grelles Licht untersucht werden.

Hebamme gesucht

Selbst wenn Ihre Partnerin und Sie sich im Vorfeld nicht vorstellen können, wozu Sie eine Hebamme benötigen, so wird Ihnen das schon in Kürze klar sein. Die Hebamme betreut vor allem Ihre Partnerin in der Schwangerschaft sowie das Baby in seinen ersten Lebensmonaten. Es werden sich endlose Fragen ergeben, die die Hebamme schnell und kompetent beantwortet, da sie mit der gesamten Situation bestens vertraut ist. Diese Fragen erfordern es auch nicht, jedes Mal von einem Arzt behandelt zu werden. Häufig ist ein Arzt auch mit den alltäglichen kleinen und großen Problemen der Schwangerschaft und der ersten Kindsmonate gar nicht so vertraut. Diese Summe von kleinen Problemchen, die die Hebamme durch guten Rat und einfache Hausrezepte löst, die aber in keinem medizinischen Lehrbuch zu finden sind.

Was viele Schwangere gar nicht wissen, ist, dass sie eine Hebamme bereits mit Beginn der Schwangerschaft von den meisten Krankenkassen bezahlt bekommen. Die Hebamme kann dann bereits den Prozess der Schwangerschaft begleiten und bei den vielen kleinen Wehwehchen sowie bei den alltäglichen Problemen rund um die Ankunft des neuen Menschleins unterstützen, wertvolle Ratschläge und Anregungen liefern.

Bei der Geburt ist es natürlich besonders angenehm, von der Hebamme betreut zu werden, die Ihrer Partnerin schon seit langem vertraut ist. Nach der Geburt ergeben sich dann weitere zahllose Fragen, die sowohl das Baby als auch die Genesung Ihrer Partnerin betreffen. Das beginnt beim Baby mit dem richtigen Windeln, dem wohltemperierten Anziehen bis zur Versorgung des Nabels in den ersten Tagen. Ebenso bemüht sich die Hebamme um das problemlose Stillen, als auch um die rasche physische und psychische Genesung sowie die Heilung der Geburtsverletzungen der Frauen.

Als Beispiele für weitere Fragen, die Sie an die Hebamme stellen könnten, seien hier die folgenden genannt: Wann beginnt kritisches Fieber beim Baby? Wie viel Schreien ist normal? Wie ist der Stuhlgang des Babys – Häufigkeit und Färbung? Ab wann können Sie mit dem Baby auf die Straße gehen? Wie heben, tragen und legen Sie Ihr Baby richtig? Ab wann können Sie mit dem Baby im Kinderwagen joggen und eignet sich Ihr Kinderwagen dafür überhaupt? Welche geeigneten Tragesysteme sind zu empfehlen und wie binden Sie das Baby richtig in ein Tragetuch ein? Welche Ernährungstipps gibt es während und nach der Schwangerschaft? Wie Sie sehen, gibt es sicherlich schon bei den Beispielfragen einige, die auch Sie betreffen.

Unterstützen Sie deshalb Ihre Partnerin dabei, sich frühzeitig eine Hebamme auszuwählen, die sympathisch und kompetent erscheint. Überlegen Sie sich vorher, wie Sie sich die Betreuung durch die Hebamme vorstellen. Wenn Sie eine Hebamme wollen, die nur auf die Schulmedizin setzt, dann sollten Sie das vorher klären. Wünschen Sie dagegen eine Mischung aus Schulmedizin und alternativer Medizin, dann suchen Sie sich eine dementsprechende Hebamme. Sprechen Sie ruhig mit mehreren Hebammen, um einen Eindruck und eine Vergleichsmöglichkeit zu erhalten. Besonders wichtig ist es natürlich, dass Ihre Partnerin ein großes Vertrauen in die Hebamme hat.

Noch ein Wort zu dem Klischee, das man im Allgemeinen von Hebammen hat: Als klassische Hebamme stellt man sich immer eine vollschlanke, vollbusige Urmutter vor, die selber schon zig Kinder geboren hat. Die Moderne hat sich aber auch bei dieser Profession nicht zurückgehalten und Veränderungen gebracht. Es gibt inzwischen auch die modernen, jungen, schlanken Hebammen, die höchst professionell und engagiert ihrer Berufung nachgehen, selbst aber noch keine Kinder haben. Auch wenn man zunächst vielleicht instinktiv meint, der Typ „Urmutterhebamme“ sei das einzig Wahre, so ist man ganz überrascht wie zeitgemäß und kompetent der Typ „modern“ die Prozesse der Schwangerschaft und der Geburt und Wochenbett begleitet. Es kann gut sein, dass die „moderne“ Hebamme mit ihrem Lebensstil, ihren Einstellungen und in ihrem Umgang mit Kindern einem viel näher steht als die „Urmutter.“ Letztendlich muss vor allem die Wellenlänge zwischen Ihrer Partnerin und der Hebamme stimmen, aber es muss auf keinen Fall immer das Klischee einer Hebamme sein.

Stillen oder nicht Stillen

Mit dem Thema Stillen sollten Ihre Partnerin und Sie sich rechtzeitig beschäftigen. Die Frage, ob und wie gestillt wird, hat große Auswirkungen auf Ihre Partnerin, Ihr Baby und damit letztendlich auch auf Sie. Deshalb ist diese Frage sehr wichtig und möglichst detailliert zu klären. Das Thema Stillen ist ein weiteres gutes Beispiel für die hilfreichen Antworten, die einem eine Hebamme zu vielen offenen Fragen geben kann.

Es gibt ganze Bücher ausschließlich zum Thema Stillen, die alle Aspekte des Themas ausführlich behandeln. In diesem Buch sollen gar nicht alle Argumente diskutiert werden, die für oder gegen das Stillen sprechen. Trotzdem ist das Thema von so großer Bedeutung, dass es an dieser Stelle kurz angesprochen werden muss.

Ganz knapp gesagt, ist das Stillen eine fantastische Kombination aus idealer Ernährung und Liebestransfer. Das Stillen wird wissenschaftlich als die beste Form der Babyernährung gesehen. Es hat eine äußerst positive physische und psychische Wirkung sowohl auf das Baby als auch auf die Mutter. Bei der Mutter unterstützt das Stillen unter anderem den Rückbildungsprozess. Häufig können sich Erstgebärende gar nicht vorstellen, dass sie genug Milch für eine ausreichende Ernährung produzieren können, aber diese Sorge sollten Sie einmal getrost der Natur überlassen – und die weiß es zum Glück meist besser. Es kommt dabei keinesfalls auf die Körbchengröße an.

Nachfolgend sollen nur die wichtigsten Argumente genannt werden, die für das Stillen sprechen:

- Muttermilch entspricht immer der Idealzusammensetzung für die jeweilige Entwicklungsphase des Babys;
- Der persönliche Kontakt zwischen Mutter und Kind wirkt auf beide gleichermaßen sozial und psychisch sehr positiv;
- Muttermilch ist einfacher zu verdauen und führt seltener zu Magen-Darm-Problemen als Kunstnahrung;
- Stillen gibt den „Nestschutz“ und schützt Ihr Kind vor vielen Krankheiten, weil durch die Milch die Antikörper der Mutter in den Körper Ihres Kindes gelangen;
- Durch das Stillen vermindert sich deutlich das Risiko für Allergien und Neurodermitis, aber erst ab einer Stillzeit von sechs Monaten oder mehr;
- Stillen unterstützt den Rückbildungsprozess bei der Mutter;
- Fertignahrung kostet Geld – das sollte aber wohl das unbedeutendste Argument sein;

Je nach den beruflichen Anforderungen und den sonstigen Gegebenheiten sollten Sie sich mit Ihrer Partnerin vorab überlegen, ob und wie lange sie stillen will. Heutzutage wird meistens ein volles Stillen ohne Zufütterung von mindestens sechs Monaten empfohlen.

Ein Baby benötigt wenigstens alle paar Stunden Nahrung. Dementsprechend muss Ihre Partnerin immer zum Stillen parat sein. Um auch in dieser ersten Zeit einmal ein wenig zeitliche Flexibilität zu haben, sollten Sie versuchen, den häufig vom Kind vorgegebenen Stillrhythmus zu unterstützen. Das geht natürlich nur, wenn das Baby auch einen Stillrhythmus vorgibt. Sprechen Sie über das Thema auch unbedingt mit Ihrer Hebamme. Anstrebenswert wäre es, dass Sie auf einen relativ festen Stillrhythmus von zwei bis vier Stunden kommen. Im Allgemeinen kann man sagen, je jünger das Baby ist, desto kürzer sind die Intervalle.

Wenn es Ihnen gelingt, den Stillrhythmus des Babys aufzunehmen, können damit viele Vorteile für alle verbunden sein: Sie wissen immer genau, wann das Baby wieder gestillt werden muss. Dementsprechend können Sie und Ihre Partnerin auch einmal einkaufen gehen oder Sie als Mann können auch alleine mit Ihrem Baby spazieren gehen, ohne von einem bitterlichen Hungergeschrei gequält zu werden. Der andere Aspekt ist: Das Baby gewöhnt sich meist pünktlich wie eine Uhr an die Zeiten und meldet sich dann. Das Baby „weiß“ schon nach einer kurzen Zeit, dass es nicht Schreien muss, um gestillt zu werden, sondern dass es pünktlich seine Mahlzeit bekommt. Dementsprechend wissen Sie und Ihre Partnerin auch immer, wenn Ihr Baby zwischendurch schreit, dass es nicht hungrig ist, sondern etwas anderes hat. Damit gibt es eine Ursache weniger, warum Ihr Baby schreit.

Wenn ein Stillrhythmus existiert, könnten Sie nach einigen Wochen den Freiraum für Ihre Partnerin dadurch verlängern, dass sie Muttermilch abpumpt. Je nach der Anzahl der abgepumpten Mahlzeiten könnte Ihre Partnerin dann wegbleiben, und das Baby würde per Fläschchen gefüttert. Wenn Ihre Partnerin noch etwas Bewegungsfreiheit auch in der ersten Stillzeit haben muss, dann sollten Sie sich einmal gemeinsam mit dem Thema Milchpumpen vertraut machen. Vorausgesetzt wird, dass das Baby auch die Flasche akzeptiert, was durchaus nicht bei allen Babys der Fall ist.

Wenn Ihr Baby das Fläschchen annimmt, können Sie als Mann Ihrem Baby in den ersten Monaten auch selbst einmal ein Fläschchen geben. Das sollten Sie allerdings nur in Absprache mit Ihrer Hebamme tun, denn die Saugtechniken an Brust und Flasche sind für das Baby ganz unterschiedlich und anfangs droht noch die Gefahr, dass Ihr Baby nach dem Fläschchen Schwierigkeiten hat, wieder an der Brust zu saugen. Aus der Flasche geben Sie je nach Jahreszeit und individuellem Bedarf beispielsweise einen Fenchel- oder Kümmeltee, unter anderem gegen Blähungen, vielleicht etwas später auch abgepumpte Muttermilch.

Entscheiden Ihre Partnerin und Sie sich - aus welchen Gründen auch immer - gegen das Stillen, so sollten Sie diese Entscheidung auch klar nach außen vertreten. Machen Sie sich bloß kein schlechtes Gewissen. Ihr Kind wird genauso groß wie jedes andere und spätestens nach einem Jahr fragt keiner mehr nach dem berühmten "Stillen oder nicht Stillen". Eine besondere Bedeutung kommt dann aber der Ernährung Ihres Babys zu. Besorgen Sie sich rechtzeitig die einschlägigen Tests zum Thema Babynahrung und erkundigen Sie sich auch bei ihrer Hebamme, welche Nahrung die besten Eigenschaften für ihr Baby besitzt. Wenn Sie hier die falsche Wahl treffen, kann es Ihnen leicht passieren, dass Sie noch für eine ganz lange Zeit Probleme haben. Denn die unangenehmen Nebenwirkungen wie Allergien, Blähungen und andere sollten nicht unterschätzt werden.

Kugelrunder Bauch

Bis zum sechsten Monat ist meist die Schwangerschaft gerade bei erstgebärenden Frauen kaum sichtbar. Dafür beginnt der Bauch Ihrer Partnerin ab dem 6. Monat umso schneller zu wachsen. Das ist faszinierend und hinreißend. Teilen Sie mit Ihrer Partnerin das Erstaunen und die Freude über dieses Wunder. Sie werden es beide kaum glauben können, wie Sie von nun an fast zuschauen können, wie der Bauch größer, runder und praller wird. Gönnen Sie sich gemeinsam die Zeit, das Erlebnis wachsender und lebendiger Bauch zu genießen. Lassen Sie Ihrer Partnerin viel Zärtlichkeit zukommen. Machen Sie vielleicht auch einmal einen Gipsabdruck von dem Bauch, malen Sie ihn an und drucken Sie ihn auf ein Papier oder lassen Sie sich etwas anderes einfallen, was Sie gemeinsam mit dem Bauch anstellen können.

Trotzdem bringt ein dicker Bauch nicht nur Freude. Alle körperlichen Tätigkeiten werden für Ihre Partnerin zunehmend anstrengender. Ein dicker Bauch entspricht auch nicht dem Schönheitsideal unserer Welt. Gerade in diesem Anfangsstadium des Bauchwachstums beginnt Ihre Partnerin verunsichert zu sein. Sie zweifelt häufiger an sich selbst, ob Sie denn noch attraktiv ist, da sie sich selbst erst an die neuen Körperformen gewöhnen muss. Lassen Sie sie gerade in dieser Phase wissen, wie sehr Sie sie lieben, schätzen und wie attraktiv sie auch mit den neuen Rundungen ist. Nach einigen Wochen wird sich diese Unsicherheit bei Ihrer Partnerin legen und sie wird ihren großen Bauch stolz und mit neuem Selbstbewusstsein durch die Straßen tragen.

Umstand mit der Schwangerschaftsmode

Immer wenn Frauen in ihren Kleiderschrank schauen, stellen sie betrübt fest, dass sie fast nichts zum Anziehen haben. Spätestens ab dem sechsten Schwangerschaftsmonat bekommt dieses häufig geäußerte Gefühl seine absolute Berechtigung. Denn dann beginnt die

Zeit, in der Ihre Partnerin nicht mehr in ihre normale Kleidung hineinpasst und sie dementsprechend auch nichts mehr davon tragen kann.

Damit fängt für Sie wahrscheinlich ein zarter Vorgeschmack auf das an, was noch folgt: Shopping im großen Stil. Zunächst werden Sie jetzt für Ihre Partnerin mitshoppen und schon in Kürze werden Sie sich dann auch zu einem Experten für Babysachen entwickeln.

Auch wenn Sie wahrscheinlich wie die meisten Männer das Shopping nicht besonders lieben, sollten Sie gerade in dieser Zeit Ihre Partnerin begleiten und Ihr bei der Auswahl der Sachen durch einfache Anwesenheit Unterstützung leisten. Überlegen Sie sich am besten gemeinsam vor dem Einkaufen, was sie für Umstandskleidung benötigt. Häufig entspricht die Umstandsmode nicht den Vorstellungen der Schwangeren, so dass sich die Suche nach den passenden Kleidungsstücken schnell zu einer regelrechten Tortour entwickeln kann. Das Ergebnis ist häufig, dass Sie zig verschiedene Geschäfte durchstöbern, aber kaum etwas finden werden. Vielleicht hilft ja die folgende Idee: schauen sie sich auch in den Fitnessabteilungen um, da die Sachen dort meist dehnbar und sehr bequem sind. Im Zweifel können diese Kleidungsstücke dann sogar nach der Geburt sportlich weitergenutzt werden.

Auto und Baby

Wenn Sie bisher einfach Auto gefahren sind und dieses nach Ihren und den Bedürfnissen Ihrer Partnerin ausgerichtet haben, so wird, wie könnte es anders sein, auch in diesem Bereich alles anders. Sie benötigen ab sofort ein Auto – oder ein zweites Auto, das den Bedürfnissen des Babys gerecht wird. Das heißt, der Kinderwagen und die ganzen anderen Babyutensilien müssen von jetzt an zusätzlich zu Ihrem Gepäck hineinpassen. Kinderwagen sind meist größer und sperriger, als man das gemeinhin annehmen würde. Deshalb sollte man bei dem Kauf des Kinderwagens dringend auf dessen Autotauglichkeit achten.

Selbstverständlich brauchen Sie auch noch einen Kindersitz. Denn ohne einen Kindersitz ist in Deutschland der Transport von Babys und Kindern bis zum Alter von derzeit 12 Jahren nicht zulässig. Also: Sie brauchen jetzt einen Babysitz, werden aber noch viele weitere Kindersitze benötigen bis Ihr Kind 12 Jahre alt ist. Egal, ob in Ihrem eigenen Auto, in einem fremden oder in einem Taxi, Sie sind immer dafür verantwortlich, dass Ihr Baby in einem Kindersitz gesichert ist.

Am besten wäre es, wenn Sie einen Wagen fahren oder sich anschaffen würden, bei dem Sie auf dem Beifahrersitz den Airbag abschalten können. Denn mit aktiviertem Airbag dürfen Kinder in einem Babysitz nicht auf dem Vordersitz transportiert werden, da der Airbag bei einem Aufprall das Kind in dem Sitz schwer verletzen könnte. Wenn der Airbag nicht auszuschalten geht, muss der Nachwuchs auf einen der Rücksitze, was allerdings äußerst unpraktisch ist, wenn Sie einmal mit dem Kind alleine unterwegs sind. Sie haben dann keine Chance, das Kind während der Fahrt zu beruhigen, also beispielsweise während der Fahrt den Schnuller zurück in den Mund des Babys zu schieben oder einfach die Rassel wieder in die gewünschte Position zu bringen. Dafür müssen Sie dann jedes Mal anhalten, was sich auf der Autobahn leicht zu einer quälenden Schreierei entwickeln kann. Und erst einmal heiß geschrieen, möchte Ihr liebstes Baby dann natürlich gar nicht mehr in dem Sitz sitzen... Also erwartet Sie viel Spaß bei der Weiterfahrt.

Sollten Sie bereits ein babytaugliches Auto besitzen, dann können Sie sich entspannt um die anderen Punkte kümmern. Wenn Sie noch keinen adäquaten Wagen besitzen, dann rundet die Suche danach die Listen mit den notwendigen Erledigungen ab.

Endspurt – 6. bis 10. Monat

Mann und Geburt

Was bis vor wenigen Jahren noch undenkbar war, ist heute Standard: Der Großteil der werdenden Väter sind bei der Geburt anwesend. Falls Sie nicht ohnehin bei der Geburt dabei sein wollen, dann machen Sie sich schleunigst mit dem Gedanken vertraut, dass die meisten Frauen dies von ihren Partnern grundsätzlich erwarten. Reden Sie mit Ihrer Partnerin darüber, ob sie will, dass Sie bei der Geburt anwesend sind oder ob Sie es akzeptieren könnte, dass Sie nicht dabei sind. In jedem Fall überlegen Sie sich gut, was Sie wollen und begründen Sie dies angemessen. Ihre Partnerin benötigt auch genügend Zeit für diese Überlegungen und wird im Zweifel eine andere vertraute Person mitnehmen wollen.

Wie immer Sie sich auch entscheiden: Sprechen Sie im Vorfeld mit anderen jungen Vätern, die bereits bei der Geburt ihrer Kinder anwesend waren und versuchen Sie, eine Ahnung davon zu entwickeln, wie die Geburt praktisch abläuft und wie Sie sich verhalten sollten. – Auch wenn es immer in der Realität ganz anders kommt, haben Sie sich dann schon einmal mental mit der Geburt auseinandergesetzt und werden so wesentlich einfacher mit dem auch für Sie aufkommenden Stress zurechtkommen. Und Stress werden Sie in jedem Fall bekommen, ob Sie nun bei der Geburt dabei sind oder auch nicht.

Für den zukünftigen Vater ist die Geburt ein einschneidendes Erlebnis und wird den Rest seines Lebens, sowohl die Beziehung zu seiner Partnerin als auch zu seinem Kind prägen. Es ist ganz einfach ein Unterschied, ob Mann bei allem dabei war und getan hat, was er konnte, selbst wenn das manchmal nur seelische Unterstützung bedeutet. Das kann aber in solchen Momenten sehr viel bewirken. Es wird für Sie unvergesslich sein, wenn Sie Ihr Baby bereits nach wenigen Lebensminuten in den Armen halten.

Ganz zu schweigen von der Spannung während der Geburt, der Sorge, ob alles gut geht. Sicher kann man sich nie sein und es wird immer wieder Momente während der Geburt geben, in denen Sie verunsichert sind. Gerade dann sind Sie froh, wenn Sie Ihre Partnerin nicht alleine gelassen haben und bei ihr sind.

Ohnmächtige Männer

Meist macht die Teilnahme an einer Geburt nur ohnmächtig vor Glück. Wenn Sie sich also entschlossen haben, an der Geburt teilzunehmen, dann sollten Sie sich keine Sorgen machen, dass Sie ohnmächtig werden. Sollte es wider Erwarten trotzdem passieren, können Sie es sowieso nicht verhindern.

Im Allgemeinen droht aber keine Gefahr, wenn Sie aktiv an der Geburt teilnehmen. Aktives Teilnehmen heißt in den überwiegenden Fällen einfach Händchenhalten, Wasser und Essen reichen, den Anweisungen der Fachkräfte folgen und möglichst keine Sprüche machen, sondern seelische Unterstützung leisten. In der Regel wird dann alles gut gehen und Sie werden das Wunder der Geburt miterleben.

Die Erschöpfung von der Anstrengung werden Sie in den darauf folgenden Tagen spüren, sofern Ihnen die Zeit bleibt. Zur Ohnmacht wird Ihnen aber auch dann keine Zeit mehr bleiben. Denn Sie haben jetzt zwei Menschen, um die Sie sich kümmern müssen.
Sie werden durch einen zu besuchenden Geburtsvorbereitungskurs, die Lektüre mit Ihrer Partnerin und Gespräche mit Ihrer Hebamme und Freunden schon genug auf die Geburt vorbereitet sein, um zu wissen, was währenddessen passiert. Wenn Sie besonders anfällig für Ohnmachten sind, sollten Sie dies zuvor der Hebamme und dem Fachpersonal vor Ort mitteilen.

Nestbau

Inzwischen sollten Sie die notwendigen Erledigungs- und Einkaufslisten zusammengestellt haben und stehen jetzt nur noch vor der scheinbar einfachen Frage, wo Sie die einzelnen Babyprodukte einkaufen. Plötzlich werden Sie mit Erstaunen feststellen, wie viele Babygeschäfte es in Ihrer Umgebung gibt und wie groß das Angebot von Neuem und Gebrauchtem für Babys im Internet und bei Versandhäusern ist. Ohne Baby ist einem das verständlicherweise nie aufgefallen.

Für die eigentliche Produktauswahl sollten Sie sich als erste Orientierung der Ratschläge von Freunden, Familie und Ihrer Hebamme bedienen und zusätzlich noch Testergebnisse von „Stiftung Warentest" oder „Ökotest" berücksichtigen.

Gerade Babyartikel führen zu wahren Glaubenskriegen. Sie können sich gar nicht vorstellen, was Sie von Ihrer Mutter zu hören bekommen, wenn Sie eine andere Babypopocreme benutzen, als sie bei Ihnen verwendet wurde. Sie stützen sich auf Testergebnisse, Ihre Mutter darauf, dass Ihr Po nie wund war und dass die Testergebnisse nicht immer stimmen müssen. Nehmen Sie das mit Gelassenheit und benutzen Sie trotzdem Ihre Creme weiter, weil Sie Ihre Mutter in diesem Punkt sowieso nie überzeugen werden.

Versuchen Sie sich mit Ihrer Partnerin im Vorfeld auf die notwendigen Produkte und über die ungefähren Kosten zu verständigen. Bei Babyprodukten ist es ansonsten häufig schwer, die Übersicht zu behalten, da es kaum einen Bereich gibt, wo das Emotionale so das Rationale beherrscht. Außerdem gibt es ansonsten fast nie eine Situation, in der Sie für einen komplett neuen Bereich alles auf einen einzigen Termin hin einkaufen müssen. Setzen Sie für sich auch Prioritäten, was für Sie wichtiger ist und wo Sie mehr Geld ausgeben und wo Sie vielleicht etwas sparen wollen. Beispielsweise kann ein leichter Kinderwagen sehr wichtig sein, da kein Fahrstuhl vorhanden ist, aber als Wickeltisch kann eine vorhandene Kommode mit einem neuen Aufsatz versehen werden, den man selbst baut.

Besonders günstige Angebote können teilweise im Internet und in regionalen Kleinanzeigen gefunden werden, aber das Richtige zu suchen und zu kaufen, erfordert viel Zeit. Ansonsten gibt es die normalen Babygeschäfte und die Versender, von denen man sich einen Katalog schicken lassen sollte.

Denken Sie auch an alle zunächst exotisch erscheinenden Hilfsmittel, die Ihnen das Leben mit dem Baby sehr vereinfachen können. Als Beispiel sei hier ein Fläschchenwärmer genannt. Ein Fläschchenwärmer klingt zunächst, ohne ein Baby zu haben, vielleicht etwas übertrieben und absurd. Wenn Sie aber das erste Mal das Baby auf dem einen Arm balancieren und mit der anderen freien Hand einfach das Fläschchen in den Wärmer fallen lassen können, dann sind Sie froh, dass Sie nicht erst einen Topf auf den Herd stellen, zuvor mit Wasser füllen und dann womöglich noch eine Gasflamme darunter entzünden müssen. Geschweige denn, über das Problem zu sinnieren, wie Sie die richtige Temperatur im Fläschchen erzielen. Also deshalb der Ratschlag: Denken Sie ruhig auch über Produkte nach, die einem zunächst als Spielerei absurd erscheinen, dann aber sehr schnell ihre volle Berechtigung im Alltag erlangen können

Nach einer Weile werden Sie bemerken, wie viel Spaß es macht, für Ihr Baby einzukaufen. Wenn es erst einmal geboren ist, werden Sie sich schon bald dabei ertappen, wie Sie in einen Laden gehen und etwas für Ihr Baby kaufen. Ihr erster eigener Kauf für das Baby – und wenn es auch nur ein kleines Döschen Gesichtscreme ist – wird Sie begeistern. Sie werden die Creme stolz mit nach Hause bringen und es genießen, mit „Ihrer Creme“ die zarte Babyhaut zu pflegen. Spätestens dann können Sie die Begeisterung der Frauen nachvollziehen, für das Baby immer wieder etwas Neues mitzubringen. Und schon bald ertappen Sie sich wieder bei der Auswahl eines Stramplers oder einer Mütze, die einfach süßer als süß sind.

Zwischen Kinderwagen und Traumwagen

Wahrscheinlich ist Ihnen nie in den Sinn gekommen, wie viel Mühe man darauf verwenden kann und muss, den richtigen Kinderwagen zu finden. Mit diesem Problem zum ersten Mal konfrontiert, wird Ihnen klar, dass deutliche Unterschiede zwischen verschiedenen Kinderwagen existieren und dass es nicht nur Vierrad- und Dreirad-Wagen gibt. Inzwischen gibt es die unterschiedlichsten Modelle mit diversen Funktionalitäten, die für viele verschiedene Anforderungen geeignet sind.

Ein guter Einstieg ist es, sich bewusst verschiedene Kinderwagen auf der Straße anzuschauen, dann Friends & Family zu konsultieren und sich mit einer einigermaßen klaren Vorstellung vom künftigen Gefährt in einen Kinderwagenladen zu begeben. Lassen Sie sich keinesfalls die Probefahrten entgehen und testen Sie auch selbst, wie der Wagen zusammenlegbar und wie schwer er ist. Gerade das Gewicht ist sehr entscheidend. Sie sollten immer daran denken, dass Ihre Partnerin den Wagen auch alleine tragen können muss. Der Wagen muss nicht nur von einer Person getragen werden, sondern in den Wagen kommen bald auch noch einige Kilos von Ihrem Baby plus eventuelle zusätzliche Einkäufe. Weiterhin sollten Sie unbedingt berücksichtigen, dass der Kinderwagen in Ihr Auto passt.

Als letzte wichtige Frage ist zu klären, was Sie alles mit Ihrem Kinderwagen machen wollen – abgesehen von seiner Standardnutzung. Soll er auch als Buggy umbaubar und als Kinderautositz einsetzbar sein? Und wollen Sie mit dem Kinderwagen auch joggen oder im Sommer über den Strand, im Winter durch den Schnee oder durch unebenes Gelände fahren? Das sind nur einige mögliche Kriterien. Daneben gibt es natürlich auch noch die rein ästhetischen Fragen nach Farbe, Form, Radzahl, die insbesondere für Ihre Partnerin eine wichtige Rolle spielen werden.
Sie sehen, den Kinderwagen auszusuchen ist fast so kompliziert, wie einen Zweitwagen anzuschaffen und leider fast ähnlich teuer. Aber bei einem Kinderwagen sollte man nicht am falschen Ende sparen, denn Gewicht, Unbeweglichkeit, Klobigkeit und fehlende Funktionen können sich schnell zu einem anfangs günstig wirkenden, aber später teuer zu bezahlenden, jahrelangen Ärgernis entwickeln.

Zwischen Kommode und Wickeltisch

Ähnlich kompliziert wie die Auswahl eines Kinderwagens ist die des Wickeltisches, auch wenn die Entscheidung nicht ganz so folgenreich ist. Angeboten werden die unterschiedlichsten Wickeltischmodelle von ganz klein und wacklig bis relativ groß und klobig. Die ganz kleinen und wackligen Modelle sind kaum groß genug für Ihr Neugeborenes im ersten Monat, die größeren müssen zu der Vorstellung und zum Budget für Ihr Kinderzimmer passen. Viele werdende Eltern suchen verzweifelt und vergeblich nach geeigneten Wickeltischen, die auch die eigenen Preisvorstellungen erfüllen, enden dann aber schließlich damit, entweder selbst einen ganzen Tisch oder zumindest einen Aufsatz für eine vorhandene Kommode zu bauen.

In jedem Fall sollten Sie darauf achten, dass die Auflagefläche groß genug ist, damit Ihr Baby auch für einige Monate ausgestreckt daraufpasst: Wenn Ihr Baby strampelt, sollte es sich nach Möglichkeit nicht an der unteren Kante des Wickeltischs seine Beine aufschlagen. Es sollte auch rundherum oder an den umliegenden Wänden genug Platz sein, um die Pflegeutensilien abzustellen. Zusätzlich sollten die Windeln, Tücher, Kleidung, etc. in unmittelbarer Reichweite unterzubringen sein. Um die Anforderungen komplett zu machen, sollte der Wickeltisch beispielsweise als Kommode weiterbenutzbar sein, nachdem er seine anfängliche Aufgabe erfüllt hat. Zu guter Letzt sollten Sie noch auf die Höhe des Wickeltisches achten und damit auf die Rückenfreundlichkeit für seine Benutzer. Sie glauben gar nicht, wie lange Sie sich teilweise über den Tisch beugen und das auch häufiger mitten in der Nacht. Bei einer ungünstigen Höhe des Wickeltisches kann das ganz schnell zu Rückenproblemen führen.

Geburtsvorbereitungskurse

Sicherlich gehören die Geburtsvorbereitungskurse nicht gerade zur Lieblingsbeschäftigung der meisten Männer. Jedoch bieten sie eine gute Gelegenheit, eine Idee davon zu bekommen, was bei der Geburt passiert. Beispielsweise was mit dem gemeinsamen Atmen während der Geburt gemeint ist. Über gemeinsames Atmen zu lesen, ist sicherlich gut, aber es auch praktisch zu üben, bedeutet, in der angespannten Situation der Geburt auf eingeübte Verhaltensmuster zurückgreifen zu können.

Sie müssen es aber mit den Kursen auch nicht übertreiben. Eine Idee könnte es sein, dass Sie mit Ihrer Partnerin eine intensive Lektüre der Bücher vornehmen und sich dabei über alles informieren und die Kurse auf das Notwendigste beschränken. Wenn es aber Ihrer Partnerin besonders wichtig ist, sollten Sie im Zweifel lieber einmal einen Kurs mehr besuchen als Sie es ursprünglich planten. Führen Sie sich ganz einfach vor Augen, wie viele Strapazen Ihre Partnerin auf sich nehmen muss und dann verblasst jede einzelne Stunde in einem Geburtsvorbereitungskurs.

Genug Zeit einplanen...

Der errechnete Geburtstermin ist bekanntlich nur ein Sollwert. Er gibt an, dass die normale Geburt in der Regel drei Wochen vor oder zwei Wochen nach diesem Termin stattfindet. Was für Sie heißt, zumindest in diesen sechs Wochen möglichst schnell abrufbereit zu sein. In diesem Zeitraum kann es so gut wie ständig zu der Geburt kommen. Ab der 36. Schwangerschaftswoche sollten Sie gut erreichbar sein und sofort zum Geburtsort kommen können. Sollte das aus irgendwelchen Gründen nicht möglich sein, dann sollte als Geburtsbegleitung eine Alternative zu Ihnen ausgewählt und angesprochen werden. Geschäftsreisen, Messen oder sonstige Auswärtstermine sollten Sie aber dementsprechend nicht in diesen Zeitraum legen.

Auch wenn die Geburt genau nach Planung stattfindet, ist das nicht unbedingt eine Sache von nur einem Tag. Die Entbindung bei einer Erstgebärenden dauert meist zwischen sechs und 48 Stunden. Die Tage, die auf die Geburt folgen, sind äußerst spannend, denn sie bilden die Grundlage für Ihre Familie. Sie werden Ihr neues Familienmitglied kennen lernen und es zum ersten Mal windeln. Ihre Partnerin und Ihr Baby sollten so schnell wie möglich zu Ihnen nach Hause kommen, um in der häuslichen Geborgenheit schneller von den Strapazen zu genesen. Also planen Sie mindestens zwei, besser drei Wochen Urlaub, den Sie im Anschluss an die Geburt nehmen, um Ihrem frischen Vatersein gerecht zu werden.

Sie könnten natürlich auch auf die Idee kommen, sofort die Großeltern oder auch andere Familienmitglieder zu bemühen. Erwägen Sie das überhaupt nur im äußersten Notfall. Falls Sie das vorhaben, sollten Sie es sehr genau mit Ihrer Partnerin absprechen, denn Frauen benötigen im Allgemeinen nach einer Geburt viel Ruhe und alle Konzentration für das Neugeborene. Am besten wäre es, Sie selbst nehmen sich die Zeit und kümmern sich am Anfang komplett und einzig um Ihre neue Familie.

Wägen Sie ganz einfach einmal ab, wie viele Kinder Sie in Ihrem Leben aufziehen werden, um das noch einmal erleben zu dürfen, und auf der anderen Seite, wie oft sich diese zwei Wochen in Ihrem Geschäfts- und Berufsleben wiederholen werden. Wenn Sie ehrlich zu sich selbst sind, dürfte Ihnen die Entscheidung leicht fallen. Vor allem schaffen Sie in diesem ersten Zeitraum eine unvergleichliche Bindung zu Ihrer Partnerin und zu Ihrem Baby.

Sie könnten natürlich auch die gegenteilige Option wählen und sich möglichst viel von der eigenen Familie wegstehlen. Es gibt immer Gründe, warum man gerade ins Büro muss, auch noch am Wochenende zu arbeiten hat oder alte Bekannte wieder sehen sollte. Jedoch werden Sie mit dieser Methode keine wirkliche Bindung zu Ihrer jungen Familie aufbauen, sondern eher an Bindung verlieren. Die wenige Zeit, die Sie dann noch mit der Familie verbringen, wird Ihnen auch keine besondere Freude bereiten, da Sie sich auf den momentan zentralen Mittelpunkt Ihrer Familie, nämlich das Baby, gar nicht wirklich einlassen. Im schlimmsten Fall wird sich Ihr Baby dann für Sie nur zu einem schreienden Schlafräuber und Störfaktor entwickeln.

Endlich Geburt

Langsam begeben Sie sich auf die Zielgerade: Sie haben alles vorbereitet und die letzten Dinge schließen Sie gerade noch ab. Der Bauch Ihrer Partnerin ist so rund und groß, dass er anfängt, ihre Bewegungsfähigkeit einzuschränken. Die gesamte Wartezeit der Schwangerschaft reicht Ihnen beiden bereits und Sie und Ihre Partnerin lauern schon sehnsüchtig auf den Augenblick, wann der große, erste Auftritt des kleinen Stars kommt. Wie schon beschrieben ist der Geburtstermin nur ein Sollwert. Das Neugeborene kann regulär drei Wochen früher oder zwei später kommen.

Sollte es früher kommen, lassen Sie sich nicht zu sehr überraschen. Deshalb sollten Sie am Ende der Schwangerschaft Ihre Vorbereitungen bereits erledigt haben. Sollte es später kommen, lassen Sie sich nicht unter Druck setzen. Vor allem die Verwandten lieben es, in diesem Fall fast täglich anzurufen und zu fragen, „ob es denn schon da ist."

Gönnen Sie sich und vor allem Ihrer Partnerin auch in dieser letzten Phase Ruhe. Vielleicht ist es sogar günstig, wenn Sie Ihre Partnerin vor solchen intensiven Nachfragen abschirmen und die letzten Tage zu zweit noch einmal intensiv für Unternehmungen, wie beispielsweise Kino- und Theaterbesuche nutzen.

Nachdem Sie nun alles rundherum erledigt haben, müssen Sie nur noch die Geburt vorbereiten: Vergessen Sie nicht, sich und Ihrer Partnerin für die Geburt etwas zum Essen mitzunehmen. Sie werden es nicht glauben, aber meistens bekommt Ihre Partnerin während der Geburt nur Wasser. Es gibt auch keine anderen Getränke und nichts zu Essen. Deshalb sorgen Sie bereits im Vorfeld für kräftigende Nahrung, die Ihrer Partnerin besonders schmeckt. Das können wärmende Suppen oder auch kraftspendende Schokoladenspezialitäten sein. Am besten richten Sie sich da ganz nach den Vorlieben Ihrer Partnerin und gleichen diese dann noch einmal mit der Hebamme oder den Fachkräften am Ort der Entbindung ab. Und wenn Sie schon dabei sind, können Sie auch eine Flasche Champagner einpacken, mit der nach einer Geburt angestoßen werden darf.

Ihre Partnerin wird sich sicherlich selbst um die Tasche für sich und das Baby kümmern, die in den Tagen vor der Geburt griffbereit stehen sollte. In der Tasche stecken die ersten Babysachen und auch die notwendigen Utensilien für Ihre Partnerin. Wenn Sie wollen, sollten Sie auch eine Fotokamera einstecken, aber bitte darauf achten, dass Sie keinesfalls blitzen und dies mit den zuständigen Fachkräften absprechen. Vergessen Sie bitte auch nicht: Wenn Sie Mutter und Kind mit dem Auto nach Hause mitnehmen wollen, benötigen Sie einen Baby-Kindersitz.

Setzen dann die ersehnten Wehen ein und die Geburt beginnt, sehen Sie zu, dass Sie Ruhe und Sicherheit ausstrahlen und Ihre Partnerin möglichst schonend zum Geburtsort begleiten. Bei den meisten Menschen geschieht, was immer passieren muss: Man wartet und wartet und denkt schon ein paar Mal zuvor, das Baby könnte jetzt vielleicht kommen. Aber falsch. Wenn Sie gerade noch einmal am anderen Ende der Stadt mit Ihrer Partnerin zum Spaziergang am Ufer eines entlegenen Gewässers gefahren sind und Sie waren sich beide ganz sicher, dass es an diesem Tag nicht kommt, dann fangen urplötzlich die heftigsten

Wehen an und Sie meinen, dass Sie zur Geburtsstätte fahren müssen wie eine Feuerwehr ohne Blaulicht. Aber bewahren Sie in jedem Fall immer die Ruhe.

Eingetroffen am Ort der Geburt bestimmen die Natur, Ihre Partnerin und die professionellen Helfer, was weiterhin passiert. Sie können nur dabei sein und alle Seiten nach eigenen Kräften unterstützen. Das Gefühl, als Mann bei der Geburt dabei zu sein, ist ungefähr wie Wellenreiten: Beim Wellenreiten hat man auch nur eine sehr begrenzte Auswirkung und Kraft auf die Wassermassen, trotzdem kann man sich selbst äußerst elegant bewegen, sofern man sich richtig verhält. Sie erleben dann Stunden, die Sie nie vergessen werden, vor allem, wenn Sie an der Geburt teilnehmen. Sie werden selten das Leben so existentiell wahrgenommen haben wie in dieser Zeit. Sie werden in diesen Stunden wahrscheinlich mit allen Gefühlen konfrontiert, die Mann sich vorstellen kann: von der größten Freude bis zu den schlimmsten Befürchtungen. Seien Sie mehr als gespannt...

Sofern es möglich ist, durchtrennen Sie nach der Geburt die Nabelschnur. Auch wenn Mann es sich vorher nicht vorstellen kann, ist das in diesem Moment ganz normal und trotzdem für alle Seiten etwas ganz Bewegendes. Kurze Zeit später halten Sie Ihr Baby zum ersten Mal auf dem Arm. Diese Momente laufen sehr selbstverständlich ab, sind aber so hinreißend, dass Sie auch noch Tage nach der Geburt davon mitgenommen sein werden und noch nach Jahren immer wieder daran denken müssen.

In der ersten Zeit haben Sie von nun an zwei Menschen, die Ihrer erhöhten Aufmerksamkeit bedürfen. Ihre Partnerin muss sich von den Strapazen der Geburt und der Schwangerschaft erholen. Und auch Ihr Baby muss den Geburtsstress verarbeiten, sich akklimatisieren und in dieser Welt ankommen.

Sie haben jetzt die ersten Hürden für die Gründung Ihrer kleinen Familie übersprungen. Ihre Familie hat bereits jetzt eine ereignisreiche Zeit hinter sich gebracht und blickt nach vorne auf eine nicht minder bewegte und bewegende Zeit.

Gelandet – 1. Monat

Erste Woche

Erste Tage

Ganz gleich, ob die Geburt stationär oder ambulant verlief, auf jeden Fall werden Sie hoffentlich nach der Geburt eine lange Zeit mit Ihrer Partnerin und Ihrem Baby verbringen – bis Sie alle drei zum Umfallen müde sind. Meist sind die Neugeborenen in der ersten Nacht von den Anstrengungen der Geburt so erschöpft, dass diese relativ ruhig verläuft. Je nach dem, ob Sie als Mann in der ersten Nacht dabei sind oder ob Ihre Partnerin im Krankenhaus ist, werden Sie davon mehr oder weniger mitbekommen.

Am kommenden Morgen und an noch unzähligen weiteren Tagen können Sie es noch gar nicht glauben, dass es da noch einen weiteren Menschen gibt, für den Sie ab jetzt Tag und Nacht da sein werden. Und dieser kleine Mensch, der Ihnen jetzt schon sehr viel bedeutet, wird mit jedem neuen Lebenstag einen noch größeren Platz in Ihrem Herzen einnehmen.
Beschenken Sie Ihre Partnerin nach der Geburt. Vergessen Sie auch auf keinen Fall vor lauter eigener Aufregung die Blumen und ein schönes Geschenk. Auch wenn Sie sich selbst noch völlig „durch den Wolf gedreht" fühlen, gibt es keine Entschuldigung für Sie, das zu vergessen. Selbstverständlich ist es Ihnen auch in den kommenden Wochen nicht verboten, mit einem Blumenstrauß nach Hause zu kommen.

Jetzt beginnen Sie mit den ersten zaghaften Versuchen, Ihr Baby in den Arm zu nehmen, zu wickeln und anzuziehen. Sie haben verständlicherweise noch Probleme, Ihr Baby richtig anzufassen, denn es regiert die Sorge, etwas verkehrt zu machen. Sie werden bei den erfahrenen Hebammen, Ärzten oder Schwestern sehen, wie deren sichere Griffe dem Baby gut tun. Diese Griffe werden Sie in Kürze selbst anwenden.

Gönnen Sie sich auf jeden Fall die Möglichkeit, dass Ihre Hebamme Sie auch in den kommenden Wochen weiterhin betreut. In Deutschland übernimmt Ihre Krankenkasse in der Regel die Kosten für diese Betreuung. Erkundigen Sie sich nach der Kostenübernahme bei Ihrer Krankenkasse oder/und Ihrer Hebamme. Es wird so viele Fragen und kleine Probleme geben, die alle unkompliziert, professionell und vertrauensvoll von der Hebamme beantwortet werden können, wie Sie es bereits aus der Schwangerschaft kennen.

Besuche von Friends & Family

Gerade in den ersten Tagen müssen Sie sich als junge Familie an die neue Situation gewöhnen und alle drei „in dieser Welt wieder ankommen". Vor allem Ihre Partnerin und Ihr Baby benötigen Ruhe und höchstens einmal die helfenden, professionellen Hände einer Hebamme.

In diesen Tagen häufen sich aber auch die Besuche der Friends & Family. Schränken Sie die Besuche anfangs stark ein und achten Sie darauf, dass nicht zu viele Besucher kommen. Lassen Sie nur so viele Gäste zu, wie es Ihnen Dreien angenehm ist. Vor allem seien Sie zurückhaltend damit, Ihr Baby durch zu viele Arme zu reichen. Die Neugeborenen ertragen nur ein sehr begrenztes Maß an Reizen und reagieren schnell überreizt, wenn man ihnen zu viel zumutet. Vielleicht protestiert Ihr Baby gar nicht im ersten Moment. Aber später wundern Sie sich, wenn Ihr Baby Sie am Abend oder in der Nacht durch Unruhe und Schreien wissen lässt, dass es ihm zu viel war. Dann sollten Sie bitte nicht gleich auf Blähungen schließen und das eine oder andere Mittel verabreichen, sondern Ihrem Baby einfach ein bisschen weniger zumuten. Gerade in der ersten Zeit ist es ein empfindlicher Seismograf, der alles wahrnimmt und darauf reagiert, auch wenn man das zunächst selbst gar nicht wahrhaben will und nicht wahrnehmen kann.

Bauchnabel und Gelbsucht

Jetzt wird Ihnen auch auffallen, woran Sie bisher wahrscheinlich nur wenig gedacht haben: der Bauchnabel und die Nabelschnur. Wenn Sie Ihr Neugeborenes in den ersten Tagen an- und ausziehen, müssen Sie vorsichtig mit dem Bauchnabel umgehen, denn dieser verheilt erst in

den kommenden Tagen. Sorgen müssen Sie sich allerdings nicht machen, denn Ihre Hebamme unterstützt Sie in der Pflege des Bauchnabels.
Fürchten Sie sich nicht davor, das Neugeborene trotz des nur abgeklemmten Bauchnabels normal anzufassen. Die Hebamme wird Ihnen zeigen, wie Sie ihn reinigen und pflegen. Der Nabel kann nässen, bluten und streng riechen. Das ist ein normaler Prozess kurz vor dem Abfallen. Es ist beeindruckend mit anzuschauen, wie diese ehemalige Verbindung zwischen Mutter und Kind langsam verschwindet. Schließlich wird der Rest der Nabelschnur mumifiziert abfallen und der kleine Bauchnabel übrig bleiben. Das Baby kann jetzt seinen eigenen Weg in die weite Welt gehen.

In den ersten Tagen kann bei Ihrem Baby auch eine Gelbsucht auftreten. Eine Gelbsucht ist ein natürlicher Prozess und tritt durch den Verfall von Blutkörperchen auf. Die Gelbsucht wird unter anderem dadurch erkannt, dass sich das Augenweiß gelb verfärbt. Am besten tauschen Sie sich hierzu mit Ihrer Hebamme aus. Um sanft, aber meist äußerst wirksam vorbeugend etwas gegen die Gelbsucht zu tun, können Sie in Absprache mit Ihrer Hebamme Ihr Neugeborenes mit ausreichend Flüssigkeit versorgen (warmes Wasser oder/und Muttermilch), dem Sonnenlicht aussetzen oder/und ihm auch eine alternative Medizin verabreichen lassen.

Tagesprotokoll

Wenn man das erste Baby hat, geht einem häufig jedes Gefühl für Zeit und Objektivität in Bezug auf das Neugeborene verloren. Gerade am Anfang kommt es vor, dass man meint, das Baby hätte stundenlang geschrieen, hingegen waren es nur wenige Minuten, oder es hätte gestern viel mehr geschrieen, dabei war es weniger. Diese und andere falsche subjektive Wahrnehmungen geben häufig Anlass zu Sorgen, die leicht mit objektiven Fakten aufzuklären wären. Mit objektiven Daten gewinnen Sie eine neutrale Übersicht wann, was und wie bei Ihrem Baby stattgefunden hat. Diese Daten objektivieren aber nicht nur die Vergangenheit, sondern gewähren häufig auch Aufschluss über die Zukunft. Ein Protokoll zu führen, kann in diesem Fall eine ideale Hilfe darstellen.

Das Protokoll bietet Ihnen eine exzellente Möglichkeit, Ihr Baby immer genau zu beobachten und daraus gemeinsam mit den Experten, wie beispielsweise der Hebamme, objektive Schlüsse ziehen zu können. Die subjektiven Einzelwahrnehmungen unterliegen immer der Gefahr von vorbestimmten Denkschemata in einer bestimmten Richtung interpretiert zu werden und damit in der Folge auch zu einer einseitig orientierten Weiterbeobachtung zu verleiten.

Das Protokoll sollten Sie möglichst umgehend nach der Geburt beginnen und es je nach Bedarf für einen Zeitraum von einigen Tagen bis zu sechs Wochen führen. Diese Zeit genügt meist, um ein sehr gutes Gefühl für die Rhythmen des eigenen Kindes zu entwickeln.

Sie werden es nicht glauben, aber die meisten Babys haben einen relativ schematischen Tagesablauf. Der Rhythmus variiert in der Regel an den verschiedenen Tagen jeweils nur um wenige Minuten. Es kann sehr hilfreich sein, die Rhythmen herauszufinden, um beispielsweise Einkäufe nicht genau in der Essens-, Schlafens- oder Schreizeit zu tätigen oder genau zu wissen, wann Unregelmäßigkeiten bei dem Neugeborenen auftreten. Selbst Schreistunden lassen sich mit einer solchen Protokollierung leicht relativieren und objektivieren.

Das Protokoll hilft Ihnen auch beim Verständnis, was das Neugeborene Ihnen jeweils mitteilen will. Wenn Sie sehen, dass es zum Beispiel immer um eine bestimmte Zeit schreit und anschließend gestillt werden muss, dann können Sie sich einfach darauf einstellen, dass es zu dieser Uhrzeit schreit, um gestillt zu werden. Sie brauchen sich dann nicht nach den zig anderen möglichen Gründen für sein Schreien zu fragen, die auch noch in Frage kämen. Wenn Ihr Baby immer zu einer bestimmten Zeit schläft, dann werden Sie, nachdem Sie diese Regelmäßigkeit im Protokoll erkannt haben, Ihr Baby auch demnächst zu dieser Zeit schlafen legen, anstatt mit ihm schreiend alle Möglichkeiten auszutesten. Sie können anhand eines Protokolls auch gut feststellen, wenn Ihr Baby überreizt wurde, indem Sie die Schreilängen von Tagen mit unterschiedlichen Aktivitäten und der Anzahl der Besucher vergleichen.

Angeführt sei an dieser Stelle ein Vorschlag für ein Protokoll, dass Ihre Partnerin und Sie in dieser oder einer ähnlichen Art in den ersten Wochen täglich führen sollten. Vermerkt werden sollten folgende

Punkte, die Sie auch ergänzen können. Vielleicht hat auch Ihre Hebamme noch weitere Vorschläge, die sie zusätzlich in das Protokoll eintragen sollen. Vermerken Sie jeweils mit Uhrzeit und Datum an welchem Tag und wann Ihr Baby:

- geschlafen hat
- geschrieen hat
- gestillt wurde / das Fläschchen bekommen hat
- Tee oder Wasser bekommen hat
- gewickelt wurde
- wie die Temperatur ist
- wann Urin und/oder Stuhlgang kamen
- Aktivitäten und Besuche.

Großeltern

Großeltern können eine wunderbare Hilfe darstellen und es den jungen Eltern ermöglichen, bereits einige Monate nach der Geburt auch einmal wieder zusammen ins Kino zu gehen. Sie können sich neben den Eltern zu den engsten Bezugspersonen für die Kinder entwickeln. So ist es auch kein Wunder, dass viele junge Eltern beneidet werden, die helfende Großeltern unmittelbar in ihrer Nähe wohnen haben. Wenn die Großeltern bei der Babybetreuung aktiv werden sollen und wollen, dann binden Sie sie frühzeitig mit ein, damit sich Ihr Baby an sie gewöhnt.

Wie bereits für die Schwangerschaft benannt, so tauchen häufig auch Probleme in den ersten Kindsmonaten mit den Großeltern und insbesondere Großmüttern bzw. Schwiegermüttern auf. Anscheinend sind die Beziehungen zwischen Tochter und Mutter bzw. Schwiegermutter so kompliziert, dass sie gerade zu diesem Zeitpunkt besonders auf die Prüfung gestellt werden. Auch alte Spannungen können sich nun leicht wieder neu entladen.

Die Großmütter und Schwiegermütter scheinen unter einer besonderen Beweisnot zu stehen, dass sie das neugeborene Baby mindestens genauso gut versorgen können, wie die jungen Eltern. Die Erkenntnisse, die zwei Generationen zurückliegen, werden häufig vehement gegen aktuelles Wissen verteidigt. Schon allein aus dieser

Tatsache können leicht Streitigkeiten entstehen, gerade vor dem Hintergrund der emotionalen Anspannung aller Seiten. Noch gar keine Erwähnung gefunden haben dabei die Veränderungen in den familiären Hierarchien und Strukturen durch den neuen Erdenbürger, die möglicherweise weitere Streitpunkte nach sich ziehen.

Die Szene kann so, muss aber nicht so ablaufen. Trotzdem kann es für Sie von Vorteil sein, wenn Sie bereits im Voraus wissen, dass solche Konflikte häufiger auftreten, als man es sich meist selbst vorstellen kann. Sofern es erste Anzeichen dafür gibt, sollten Sie die möglichen Spannungen mit Ihrer Partnerin diskutieren und dann im Vorfeld bereits mögliche Schritte zur Deeskalation unternehmen. Das einzig positive ist meist, dass eventuell aufkommende Streitigkeiten häufig nach kurzer Dauer wieder beigelegt sind.

Gute Ratschläge

Sie glauben gar nicht, wie viele Experten für Fragen rund um die Schwangerschaft und das Baby auf einmal in Ihrer Umgebung auftauchen. Es gibt kaum jemanden, der zu diesem weiten Themenfeld nicht schon einmal etwas gehört oder auch schon einmal etwas gelesen oder auch selbst Erfahrungen gemacht hat. Sie können sicher sein, dass Sie mindestens doppelt so viele Meinungen erhalten, wie Sie Leute fragen.

Beginnen Sie zu selektieren, indem Sie nur die Leute um Rat fragen, die Ihrer Meinung nach auch beweisen, dass sie von dem Thema etwas verstehen. Das sollten beispielsweise Ihre Ärzte und die Hebamme oder auch andere junge Eltern sein. Vergleichen Sie diese Meinungen mit dem Wissen, das Sie sich über die Zeit der Schwangerschaft oder vielleicht auch schon davor angelesen und angeeignet haben. Bilden Sie sich daraus eine eigene Meinung. Bei schwierigen Fragen kommt häufig der gesunde Menschenverstand gepaart mit der Einbildungskraft zu den besten Urteilen.

Wenn es einmal ganz haarig wird, dann versetzen Sie sich einfach in die Situation des Babys und fragen Sie sich, was Ihnen an seiner Stelle am liebsten wäre. Wahrscheinlich liegen Sie mit einem solchen Denken immer relativ dicht an der Wahrheit.

Wenn Sie sich vorstellen wollen, was für das Neugeborene abläuft, dann versetzen Sie sich in seine Situation: Dazu müssen Sie ganz einfach davon ausgehen, dass Sie sich über mehr als neun Monate im fast 37 Grad warmen Wasser, ohne Licht, geruchlos, mit gedämpften Außengeräuschen, dem ständigen Herzschlag und den Verdauungsgeräuschen der Mutter, in kompletter Schwerelosigkeit und eng umhüllt von der Gebärmutter entwickelt haben. Dann kommen Sie schnell auf den richtigen Gedanken, wie Sie sich in der kalten, harten, trockenen, lauten, hellen, herztonlosen Schwerkraftwelt fühlen würden. Stellen Sie sich weiterhin vor, dass Sie dann auch noch von einigen parfümierten Tanten oder Onkels an die Brust gequetscht und mit Mundgeruch geküsst werden. In einer solchen Situation würden auch Sie von Panik ergriffen werden. Wenn man sich das ausmalt, wundert es einen, warum die Neugeborenen nicht Tag und Nacht schreien, vor allem da sie auch noch die Strapazen der Geburt hinter sich haben. Gar nicht davon zu sprechen, dass sich beim Neugeborenen die Organe und das Verdauungssystem auf die neuen Lebensverhältnisse umstellen und sie ein enormes Wachstum innerhalb kürzester Zeit bewältigen müssen.

Betten und Schlafen

Der beste Schlafplatz des Babys ist ein viel und gern diskutiertes Thema. Vorausgesetzt, dass es räumlich möglich ist, gibt es grundsätzlich drei Möglichkeiten, wo Ihr Baby schlafen kann: im elterlichen Bett, im elterlichen Zimmer im eigenen Bett oder auch in einem eigenen Zimmer in einem eigenen Bett.

Für die erste Variante, das Baby im elterlichen Bett schlafen zu lassen, sprechen eine ganze Reihe von Argumenten. Der Vorteil des elterlichen Bettes liegt vor allem darin, dass Ihr Baby sich nicht verlassen fühlt und ständig die Wärme und bestenfalls auch noch den Herzschlag und den Atemrhythmus zumindest eines Elternteils spürt. Das Baby schläft in diesem warmen und nach den Eltern riechenden Umfeld im Allgemeinen nachts wesentlich ruhiger. Auch die Eltern und insbesondere die Mutter schlafen ruhiger, da sie die Lebenssignale des Neugeborenen ständig empfangen und schon im Falle der kleinsten Unregelmäßigkeiten aufwachen und eingreifen können. Die Mutter muss für das nächtliche Stillen nicht aufstehen, was durchaus bis zu sechs Mal pro Nacht sein kann und jeweils von zehn bis 90 Minuten dauert. Das Stillen im Bett ist wesentlich weniger anstrengend für die Mutter. Bei einer Ernährung mit Fläschchen sollte man sich gegebenenfalls die notwendige Infrastruktur gleich an das Bett stellen, um dadurch kostbare Schlafenszeit zu gewinnen. Im Elternbett muss ein Baby auch nicht erst lange schreien, damit es gehört und reagiert wird, sondern schon zarte Bewegungen oder Laute lassen die Eltern aufwachen und Präsenz zeigen. Das Baby lässt sich so meist schneller beruhigen, da es sich gar nicht erst heiß geschrieen hat, und Sie müssen nicht ständig aufstehen, sondern können beispielsweise einfach nebenbei den Schnuller wieder richten.

Sicherlich widerspricht das zunächst der eigenen Vorstellung von einem Doppelbett, in dem nicht noch unbedingt die Kinder schlafen sollten. Aber wenn man die oben genannten Argumente auf sich wirken lässt und sich einfach nur überlegt, wie es einem Baby in seinem abgetrennten Zimmer, in seinem einsamen, kalten und harten Bettchen ginge, dann sind viele Eltern schnell überzeugt, dass das Baby wenigstens anfangs mit im Schlafzimmer, eventuell im eigenen Bettchen, schlafen kann.

Falls Sie Ihr Baby in Ihrem Ehebett schlafen lassen wollen, dann ist eine häufig geäußerte Sorge, dass man nachts auf das Baby raufrollen könnte, und dass es dabei verletzt werden würde. Diese Sorge brauchen Sie sich im Normalfall nicht zu machen, da das faktisch auszuschließen ist. Häufig formt man dem Baby sowieso ein kleines Nestchen aus dem Stillkissen. Damit liegt das Baby hinter einer kleinen Barriere, die es im Zweifel auch noch schützt und für Sie eine Bewegungsbegrenzung darstellt.

Wenn eines der Elternteile stark alkoholisiert oder Raucher ist, dann sollte das Bett mit dem Baby grundsätzlich nicht geteilt werden, denn die Ausdünstungen sind giftig. Ihre Partnerin – vor allem wenn Sie stillt – wird dieses Problem eher nicht haben, also sind Sie gefragt, sich vorzusehen und zurück zu halten, wenn Sie das nicht ohnehin schon tun.

Sie werden merken, wie schön es ist, Ihr Baby mit im Bett zu haben, von den kleinen Händchen und dem zarten Gurren, Schnalzen und Schmatzen aufgeweckt zu werden oder auch morgens die leuchtenden, freudigen Augen neben sich zu sehen, die einen prompt anstrahlen. Auch wenn man normalerweise nicht gewohnt war, um 5:30 Uhr aufzustehen, entlohnt das freudige Strahlen Ihres Kindes die Mühen.

Sie können schon jetzt einen Zeitraum festlegen, für den Sie voraussichtlich Ihr Baby in Ihrem Schlafzimmer schlafen lassen wollen. Ein häufig angestrebter Zeitpunkt ist es, das Kind nach ungefähr einem Jahr in sein eigenes Zimmer zu legen.

Schreien und Schreien lassen

Alle Babys schreien. Vor allem am Anfang, in den ersten drei Monaten, schreien sie besonders viel. Auch Ihr Baby wird in dieser Zeit viel schreien. Das Schreien gehört zu den ersten und wirksamsten Kommunikationsmitteln eines Babys und ist von daher ein gutes und wichtiges Zeichen. Manchmal werden Sie das Schreien auch genießen oder bereits genossen haben, beispielsweise am Ende der Geburt, wenn Sie erleichtert sind, dass Ihr Baby ein lautes Lebenszeichen von sich gibt.

Schreien ist für Babys im Allgemeinen sehr anstrengend. Babys schreien keinesfalls nur, um Ihre Stimmbänder zu üben, um irgendjemanden zu ärgern oder „zu manipulieren." Sehr langes Schreien kann sogar ungesund für Babys werden.

Babys schreien aus den unterschiedlichsten Gründen: Hunger und Durst; zu warm oder zu kalt; zu viel oder zu wenige Reize erlebt; Schmerzen haben; sich unwohl fühlen und krank sein; sich einsam und verlassen fühlen; vergangene Erfahrungen noch einmal durchleben oder auch andere Gründe, die sich Ihnen einfach nicht erschließen. Babys können sogar als Vorahnung auf mögliches Unbehagen schreien. Ein einfaches Beispiel kann sein, dass das Baby bereits schreit, wenn Sie nur den Schlafensraum betreten, weil es nicht ins Bett gelegt werden möchte.

In jedem Fall haben Babys immer einen Grund, aus dem sie schreien. Deshalb ist es auch nötig, dass Sie das Baby ernst nehmen und trösten. Akzeptieren Sie einfach, dass es immer für das Baby einen Grund gibt, auch wenn er sich Ihnen nicht gleich offenbart. Wenn Sie aber den Grund schon nicht herausfinden, dann sollten Sie zumindest das Leid Ihres Babys verständnisvoll aufnehmen und es in den Arm nehmen. Es sollte sich bei Ihnen in einer geborgenen Atmosphäre ruhig ausweinen dürfen. Auf keinen Fall sollten Sie das Kind schreiend liegen lassen. Es ist auch nicht gut, immer zu versuchen, ein Baby vom Weinen abzubringen oder es abzulenken. Das Weinen gehört genauso wie das Lachen zu dem natürlichen Verhalten eines Babys, und manchmal müssen auf diese Weise die überschüssigen Spannungen abgebaut werden. Einem Erwachsenen ist das auch weniger fremd, als man zunächst annehmen könnte. Wenn zu viel Stress auf uns einwirkt, könnten und möchten wir manchmal auch einfach nur noch weinen, um die Spannungen abzubauen.

Nach einer gewissen Zeit werden Sie sich an das Weinen Ihres Babys gewöhnen und es immer besser verstehen. Sie werden allmählich die teilweise feinen Nuancen erkennen. Trotzdem werden Sie stets unruhig sein, wenn das Baby schreit, denn Sie wissen, dass es von Ihnen Aufmerksamkeit und im Zweifel auch Hilfe wünscht. Das Schreien eines Babys setzt Eltern enorm unter Druck. Es bringt in der Regel drei Körperabläufe automatisch in Gang: der Blutdruck steigt, die Atmung wird schneller, die Handflächen werden feucht, und damit folgen auch nicht selten Schweißausbrüche.

Eltern reagieren spontan zwiespältig auf das Schreien Ihres Babys: auf der einen Seite kommt Mitleid auf und der Wunsch zum Trösten wird angeregt, auf der anderen Seite wird das „Angriff-oder-Flucht-Prinzip“ aktiviert. Das „Angriff-oder-Flucht-Prinzip“ kann verstanden werden als „tue etwas, damit das Weinen sofort aufhört oder flüchte“.

Mit der Zeit werden Sie ein feines Gefühl für den Grund des Unwohlseins Ihres Babys entwickeln. Eltern können bereits nach kurzer Zeit die Signale des Neugeborenen genau verstehen: Hunger, Wut, Schmerz oder auch beliebige andere Gründe. Babys verleihen ihren Gefühlen mit einer Vielzahl von Tönen und Gesten einen relativ eindeutigen Ausdruck.

Wenn Ihr Baby schreit, sollten Sie keinesfalls negative Gefühle entwickeln, sondern das Schreien Ihres Babys ernst nehmen. Versuchen Sie, den Grund zu finden und zu beseitigen und/oder es zu beruhigen. Babys schreien unterschiedlich viel und aus unterschiedlichen Gründen. Auch wenn Sie nach einer Weile bei dem einen Baby genau wissen, was es hat, und sein Schreiverhalten im Griff haben, so heißt das noch lange nicht, dass dies auch für ein anderes Baby gilt.

Die Frage, wie viel Schreien normal ist, liegt folglich auf der Hand. Die Meinungen darüber gehen weit auseinander. Meist spielen sich die größten Wein-Dramen innerhalb der ersten sechs Wochen ab und nehmen dann innerhalb der ersten drei bis vier Monate langsam ab. Die schlimmste Zeit sind meist die so genannten Schreistunden am Abend, also zwischen 17:00 und 22:00 Uhr. In der Zeit vor dem Schlafengehen verarbeitet Ihr Baby die gesamten Eindrücke und Spannungen des Tages und scheint diese mit Hilfe des Schreiens abzuarbeiten und besser bewältigen zu können. Daneben gibt es natürlich auch noch andere Gründe, wie Blähungen, und Unwohlsein. Versuchen Sie also nicht, Ihrem Baby das Weinen abzutrainieren, sondern trösten Sie es und ermutigen Sie es ruhig, auch mal seinen Schmerz und seine Unzufriedenheit raus zu lassen.

Aber nicht nur das Schreien gibt Anlass zur Sorge. Vor allem, wenn das Baby über einen längeren Zeitraum nicht schreit, obwohl es genügend Gründe dafür hätte, dann sollte man sich Sorgen machen. Schweigen oder Resignation des Babys kann ein wesentlich ernsteres Signal sein, als das laute Wehklagen eines weinenden Babys.
Viele Eltern stellen sich die Frage, ob sie ihr Baby zu sehr verwöhnen, wenn sie auf jedes Schreien reagieren oder es zu viel herumtragen, wenn es weint. Die Antwort ist simpel: Ein Baby kann nicht verwöhnt werden. Es ist meist gerade umgekehrt: Eltern, die immer erst später oder gar nicht auf das Schreien reagieren, haben als Folge häufig Babys, die viel mehr schreien oder im schlimmsten Fall apathisch werden. Wenn Sie nicht auf das Schreien des Babys reagieren, könnte Ihr Kind früher oder später resignieren.

Heutzutage sind eigentlich nur noch Teile der älteren Generation der Meinung, dass ein Baby verwöhnt wird, wenn es immer Aufmerksamkeit bekommt, wenn es jammert oder schreit. Es ist aber nach neuestem wissenschaftlichen Stand erwiesen, dass ein Baby nicht schreit, um die Eltern zu manipulieren oder nur die Aufmerksamkeit auf sich zu ziehen. Wenn das Baby schreit, braucht es ganz einfach Zuwendung – in welcher Form auch immer. Je nachdem, ob es feucht ist, Hunger hat oder einfach Nähe und Geborgenheit sucht. Gerade in den ersten Lebensmonaten ist es wichtig, das Baby nicht einfach schreien zu lassen, da die sonst möglicherweise eintretende Resignation Folgen für das ganze Leben des Kindes haben und sein Urvertrauen in die Welt erschüttern kann. Eine solche Entmutigung beeinflusst im späteren Leben wesentlich, ob ein Mensch sich durchsetzen und behaupten kann, ob er für seine Wünsche und Rechte eintritt und nicht gleich bei dem ersten Widerspruch resigniert, oder ob er – noch schlimmer – kaum einen eigenen Antrieb entwickelt, um seine Anliegen um- und durchzusetzen. Dagegen wird ein Baby und Kind, das erfahren hat, dass seine Wünsche ernst genommen werden, in der Regel schneller unabhängig werden und sein Urvertrauen in die Welt nutzen, um selbst die Dinge in die Hand zu nehmen und die Probleme zu lösen. Diese Tatsache kann man auch an sich selbst ganz einfach nachvollziehen: Wenn man immer wieder Misserfolge bei bestimmten Handlungen erlebt, so wird man nach einer Weile dieses Handeln komplett einstellen, da es sinnlos ist.

Nach einer Weile wissen Sie genau, was Ihr Baby will und was es nicht will. Kommen Sie jetzt aber bitte nicht auf den Gedanken, dass Sie dem Baby immer alle Wünsche erfüllen, bevor es diese noch äußert, um ein Jammern oder Klagen zu verhindern. Denn auch damit tun Sie Ihrem Kind nichts Gutes, weil es nicht lernt, seine Wünsche selbst zu artikulieren. Die Babys können dann keine Verbindung zwischen ihrem eigenen Handeln und den Ereignissen herstellen. Am besten wird diese Verbindung gelernt, indem auf bestehende Bedürfnisse reagiert wird und deren Befriedigung nicht vor ihrer eigentlichen Äußerung erfolgt.

Schreien und Schreien lassen wird immer wieder gern kontrovers diskutiert. Sie sollten sich mit Ihrer Partnerin über das grundsätzliche Thema abstimmen und sich im Zweifel noch andere Zusatzinformationen beschaffen. Oder befragen Sie kompetente Menschen aus Ihrem Umfeld, wie beispielsweise die Hebamme. Denn Ihr Baby erziehen Sie nur einmal, aber die Folgen tragen Sie und Ihr Kind ein Leben lang.

Entwicklung des 7. Sinns

Neben dem 6. Sinn, den Frauen sowieso besitzen und der sich schon in der Schwangerschaft geschärft hatte, bildet sich mit der Geburt der 7. Sinn heraus. Man könnte ihn auch als den „Babysinn“ bezeichnen. Die allermeisten Frauen entwickeln eine scheinbar direkte Verbindung zu dem Kind, die „unsichtbare Nabelschnur“, die ihnen ständig sagt, wie es ihm gerade geht. Vor allem wenn sich das Kind nicht wohl fühlt, merken die Mütter das noch durch mehrere Wände und Türen hindurch.

Das kann für Sie auch anstrengend sein, wenn Sie nicht sofort das gleiche Gespür entwickeln und ständig darauf hingewiesen werden, was Sie besser oder anders machen könnten. Aber Sie werden sehen, dass Sie mit einer immer intensiveren Beschäftigung mit Ihrem Baby und damit auch automatisch einem immer engeren Kontakt nach einer Weile auch so etwas wie einen 7. Sinn entwickeln. Idealerweise können Sie diesen 7. Sinn sogar so trainieren, dass Sie ihn „an- und abschalten“ können. So haben Sie immer, wenn Sie auf das Baby aufpassen, mit dem 7. Sinn alles unter Kontrolle. Wenn Sie aber andererseits nachts schlafen wollen und wissen, dass sich gerade Ihre Partnerin um das Baby kümmert, schalten Sie ihn einfach ab. Wie dieses An- und Abschalten genau funktioniert, sollte im Wesentlichen mit dem Fokus der Konzentration zu tun haben, der unterschiedlich ausgerichtet wird. So kann man einen Wecker hören, wenn man es will. Man kann ihn aber auch einfach ignorieren.

Nicht genug gegessen...

Alle Mütter haben eine Hauptsorge: ob das Baby genug gegessen hat. Es scheint bei Müttern einen Instinkt zu geben, der nur zufrieden gestellt werden kann, wenn die Portionen des Babys immer üppig oder am besten noch üppiger ausfallen. Auch wenn der Verstand den modernen Frauen sagt, dass ein Baby nicht immer genauso viel essen muss, und dass es nichts macht, wenn es auch mal nur eine dreiviertel Portion nimmt, denn Baby kann ja beim nächsten Mal wieder so richtig zuschlagen. Dieses Verhalten kritisierten die jungen Mütter fast immer bei ihren eigenen Müttern und mahnten es auch bei anderen jungen

Müttern an. Sie selbst können sich aber auch nur schwer oder überhaupt nicht von diesem Instinkt befreien.

Sollte diese Situation auftreten und Ihrem Baby geht es glänzend, dann beruhigen Sie Ihre Partnerin mit den Hinweisen, dass sie selbst auch nicht zu allen Mahlzeiten eine gleichgroße Portion isst, dass es dem Baby sichtbar gut geht und dass es keinerlei Anzeichen eines „Verhungerns“ zeigt. Das wird Ihre Partnerin hoffentlich zumindest bis zu der nächsten kleineren Mahlzeit beruhigen.

U1 – Ux

Von U1 bis zu einem zweistelligen U heißen die regelmäßigen Vorsorgeuntersuchungen der Kinder. Diese Untersuchungen sind auch äußerst wichtig, da sie in regelmäßigen Abständen den Gesundheits- und Entwicklungsstand des Kindes untersuchen. Gerade bei den ersten Untersuchungen sollten Sie als Mann Ihre kleine Familie begleiten, um Ihre Partnerin zu unterstützen und selbst aus erster Hand über alles informiert zu sein, was Ihr Baby betrifft.

Auch wenn die Untersuchungen selbst sehr wichtig sind, so kann der Weg zu diesem Ziel manchmal für das Baby und die Eltern nicht nur erfreulich sein. Das fängt damit an, dass die meisten Kinderärzte keine Hausbesuche mehr machen, sondern man mit dem „frischen“ Baby in die Kinderarztpraxis muss. Viele Praxen bieten aber auch keine Babysprechstunden mehr an, sondern man muss zu den ganz normalen Öffnungszeiten kommen. Vor dem Hintergrund, dass Ihr Baby gerade erst sein Immunsystem aufbaut und nur einen gewissen Nestschutz (das Stillen überträgt die Abwehrkräfte der Mutter) durch das Stillen besitzt, wird Ihnen der Ernst der Lage bewusst. Denn es passiert nicht gerade selten, dass Sie stolz mit Ihrem noch kerngesunden Baby zum Arzt gehen und die Untersuchung dies auch bestätigt, aber nur kurze Zeit nachdem Sie wieder zu Hause angekommen sind, beginnt Ihr Baby beispielsweise eine Erkältung mit Fieber zu entwickeln. Neben der Krankheit ist die Konsequenz, dass das Baby vor allem nachts schreit, da seine verschnupfte und verstopfte Nase die Nahrungsaufnahme äußerst beschwerlich macht. Also sofern möglich, suchen Sie sich einen Arzt mit Babysprechstunden.

Die meisten Kinderärzte sind sicherlich sehr bemüht und sehr einfühlsam, sowohl was die Babys als auch die Eltern betrifft. Aber gerade die jungen Eltern mit ihrem ersten Kind sind häufig sehr empfindlich. Sie können aber auch Überraschungen mit dem Arzt selbst erleben, wenn Sie sich trotz aller Vorauswahl im Arzt getäuscht haben oder auf eine Vertretung treffen. Der Besuch kann dann etwa so ablaufen: Lange vor der Untersuchung sollen Sie Ihr Neugeborenes schon einmal ausziehen. Dann liegt Ihr Baby nackt und kalt auf einer Plastikbahre ohne Unterlage. In einem solchen Fall sollte man sich selbst ein Handtuch mitbringen und zusätzlich den Heizstrahler anschalten, den es in den meisten Kinderarztpraxen gibt. Wenn dann endlich der Arzt ins Zimmer kommt, merken Sie schlimmstenfalls nach kurzer Zeit, dass Sie in einem Bud-Spencer-Film gelandet sind. Manche Ärzte fassen die Neugeborenen geradezu grob an, vor allem für Ihr Empfinden als junge Eltern. Außerdem texten Sie einige Ärzte während der Untersuchung an Ihrem kleinen, schreienden Bündel Elend mit Plattheiten voll, wie beispielsweise, „dass Sie sich nicht von so einem Wurm terrorisieren lassen sollen.“ Die Krönung könnte eine Blutentnahme sein, die je nach dem aus dem Kopf, dem Fuß oder der Hand erfolgen kann. Eins ist sicher, wenn dann das Blutabnehmen auch noch unsensibel erfolgt, haben Sie als junge Eltern und vor allem Ihr Kind bereits einige schwere Prüfungen überstanden. Nun sollten Sie schleunigst den Arzt wechseln.

Sie werden schnell mitbekommen, dass Sie niemals so empfindlich waren, wie bei Ihrem eigenen Kind. Verhaltensweisen, die Ihnen gegenüber oder Ihrer Partnerin ganz natürlich vorkommen würden, können Sie erschauern lassen, wenn sie an Ihrem Baby ausgeführt werden. Es gibt auch wenige Möglichkeiten, wie man sich davor schützen kann – abgesehen von der heilenden Zeit und dem richtigen und sensiblen Umfeld.

Das Wochenbett

Der Körper einer Frau muss sich nach einer Schwangerschaft erst wieder auf „nicht schwanger“ und die Milchproduktion umstellen. Dazu benötigt er einige Wochen, wie schon in dem Namen Wochenbett enthalten. Insgesamt dauert der Umstellungsprozess etwa sechs bis acht

Wochen. Insbesondere die ersten Tage und Wochen sind in dieser Phase von besonderer Bedeutung. Der Körper der Frau muss sich zum einen regenerieren und zum anderen auf das Stillen und das permanente Versorgen des Neugeborenen einrichten.

Das Neugeborene muss in den ersten Tagen erst mal auf dieser Welt ankommen, sich an die neue Umgebung gewöhnen und sein junges Leben umstellen. In dieser Zeit sind Mutter und Neugeborenes noch sehr empfindlich und müssen sich allmählich mit der neuen Situation zurecht finden. Selbstverständlich muss das Neugeborene sich in dieser Zeit auch an Sie als Vater gewöhnen.

Nehmen Sie das Wochenbett ernst, und schonen Sie Ihre Frau und das Neugeborene. Versuchen Sie, ihr alles abzunehmen, was sie zusätzlich belasten könnte. Konkret heißt das, dass Sie alle Einkäufe und alle Hausarbeit in dieser Zeit übernehmen sollten. Ihre Partnerin wird sich sicherlich nach und nach auch wieder daran beteiligen. Aber geben Sie ihr die Chance, selbst den Zeitpunkt zu bestimmen.

Verschonen Sie auch Ihre Frau und Ihr Baby vor zu viel Besuch von Verwandten oder Freunden. Reduzieren Sie das in der ersten Zeit auf ein Mindestmaß, lassen Sie nicht zu viele Leute gleichzeitig kommen und auch nicht zu viele Besucher am gleichen Tag. Frau und Baby werden Ihnen diese Schonungsmaßnahmen mit einer raschen Genesung danken.

Das Wochenbett sollten auch Sie als Mann nutzen, um von Anfang an den Aufbau der Familie zu begleiten und sofort einen direkten Kontakt zu Ihrem Baby zu gewinnen. Am besten nehmen auch Sie sich in dieser Zeit so viel frei wie möglich. Genießen Sie den Wandel Ihrer Beziehung hin zu einer Kleinfamilie.

Schon nach wenigen Wochen wird Ihnen alles, was jetzt noch große Mühe bereitet und als eine enorme Umstellung erscheint, einfach von der Hand gehen und Ihnen ganz selbstverständlich vorkommen. Sie können sich dann ein Leben ohne Baby nicht mehr vorstellen.

Baby Blues und Wochenbettdepression

Glauben Sie gar nicht, dass dieser Tanz an Ihnen vorbei geht. Im Anschluss an die Geburt und durch das Ende der Schwangerschaft setzt bei Ihrer Partnerin eine starke Umstellung auf zahlreichen Ebenen ein: hormonell, familiär, körperlich, seelisch und von der Umwelt bedingt.

Die überwiegende Zahl aller Mütter – bis zu 80 Prozent – leiden an Baby Blues, den so genannten Heultagen im Wochenbett. Der Baby Blues wird auch als emotionale Verstimmung bezeichnet. Er sollte in der Regel nach einigen Tagen verschwunden sein und wieder der normalen Grundstimmung weichen.

Eine sehr geringe Anzahl der Mütter leiden an so genannten Wochenbettdepressionen. Das sind schwerwiegende psychische Störungen, die einer professionellen Behandlung durch Psychiater und Psychotherapeuten bedürfen. Sollte der Baby Blues bei Ihrer Partnerin immer stärker werden und auch nach einigen Tagen nicht von alleine aufhören, wäre es angeraten, sich professionelle Hilfe zu holen. Vielleicht können Sie das Thema schon im Vorfeld mit Ihrer Hebamme besprechen und sie im Zweifelsfall als erste erfahrene Expertin hinzuziehen. Die Behandlungserfolge bei Wochenbettdepressionen sind sehr gut, sofern die Thematik ernst genommen wird. Keinesfalls sollten Sie als Mann das Thema auf die leichte Schulter nehmen oder gar als Frauenthema abtun, da sich langfristige Krankheitsbilder ergeben können.

Die Themen Baby Blues und Wochenbettdepression sind gesellschaftlich ein Tabu, weil immer gern das Bild von der glücklichen, jungen und schönen Mutter mit dem Traumbaby aufrecht erhalten wird. Alles andere wird nicht zugelassen und geradezu sanktioniert. Der Zwang zum Glücklichsein nach der Geburt lässt keinen Raum für depressive Verstimmungen, die aus den unterschiedlichsten Gründen auftreten können.

Der Baby Blues ist ein emotionales Auf und Ab, dass für Sie beide leicht zu einer Achterbahnfahrt der Gefühle werden kann. Achten Sie darauf, dass Sie in dieser Zeit vermeidbaren Stress von Ihrer Partnerin so weit wie möglich fernhalten, um die ruhige Anpassung an die neue

Lebenssituation zuzulassen. Die Achterbahnfahrt besteht aus plötzlich einsetzendem Weinen oder aus plötzlicher Euphorie und Lachen, was aber auch sofort wieder in das Gegenteil umschlagen kann. Wundern Sie sich also nicht, wenn Ihre Partnerin aus dem Zimmer Ihres Babys rauskommt und völlig in Tränen aufgelöst ist. Auf die Frage, was Sie denn bloß habe und was passiert sei, kann dann gut und gerne die Antwort kommen, dass sie einfach so glücklich ist, dass das Baby da ist.

Aber machen Sie sich keine Sorgen, der Baby Blues ist im Allgemeinen nur von kurzer Dauer. Nehmen Sie den Baby Blues ernst, stehen Sie Ihrer Partnerin bei und haben Sie Verständnis, umso schneller geht es vorüber.

Zweite bis vierte Woche

Nur der Wandel ist beständig

Sobald Sie ein Baby haben, ist es am einfachsten, sich gleich damit abzufinden, dass nichts sicher ist, sondern von Stunde zu Stunde alles anders werden kann.

Zum einen ist jedes Baby anders, genauso wie jeder erwachsene Mensch auch. Das eine Baby schläft die ganze Nacht durch und ein anderes wacht stündlich auf. Die meisten Babys wollen ständig getragen werden, aber auch nicht alle. Ein Baby hat Koliken und ein anderes hat keine...

Bei den sich so rasant entwickelnden Babys gibt es aber eine Besonderheit. Sobald Sie sich an die eine oder andere Eigenheit Ihres Babys gewöhnt haben, kann diese in der nächsten Sekunde genauso gut auch wieder völlig anders sein. Es kann aber auch sein, dass die Eigenheit noch lange beibehalten wird. Ein Beispiel: Schläft Ihr Baby anfangs die Nächte durch, so muss das keine notwendige Aussage darüber treffen, dass dies auch für die kommenden Nächte gilt.

Trösten Sie sich, eins ist sicher: Sie wachsen an den Herausforderungen, die Ihnen das Kind stellt. Nach einer Weile beherrschen Sie fast jede Situationen mit einer virtuosen Leichtigkeit und Flexibilität, wie Sie es sich vorher nicht im Traum vorzustellen wagten. Wenn Sie die Bedürfnisse Ihres Babys so akzeptieren, wie sie sind, und sich darauf einlassen, werden Sie sich schnell aneinander gewöhnen. Nehmen Sie Ihr Baby wie ein gleichberechtigtes Familienmitglied an. Das Baby hat seine Bedürfnisse, die ihm auch nicht ausgeredet werden können, sondern die ernst genommen werden wollen. Ernst nehmen ist aber nicht immer gleichzusetzen mit befriedigen. Das heißt, dass nicht immer alle Bedürfnisse des Babys zufrieden gestellt werden müssen, sondern sie müssen vor allem ernst genommen werden. Wenn man sich auch selbst häufig wünschen würde, dass das Baby so funktioniert, wie man es selbst gern hätte, so wäre es dann sicherlich aber auch langweilig. Man würde dann keinen neuen und eigenständigen Menschen mit einem individuellen Willen aufziehen, sondern eine Maschine, die einfach zu funktionieren hat.

Lassen Sie sich auch nicht von den Analysen anderer Eltern oder Verwandter verrückt machen, ob Ihr Baby brav ist, häufig schreit und durchschläft. Ein Baby muss nicht brav sein, sondern es muss sich im Leben behaupten und die Welt für sich neu entdecken. Sie sind als Eltern die Partner und die Stütze, die ihm das so gut Sie können ermöglichen. Überlassen Sie das Bravsein den Schoßhündchen.

Vaterrolle, Kleinfamilie und Stillrhythmus

Auch wenn man es selbst noch nicht ganz glauben kann, und auch wenn man sich zuvor mit der Materie beschäftigt hat, so kommt einem anfangs die Rolle des jungen Vaters noch außerordentlich ungewohnt vor. Das Erlebnis, das erste Mal Windeln eingekauft zu haben, ist Ihnen sicherlich bereits vertraut, da Sie es schon vor der Geburt erlebt haben. Aber von nun an gibt es keine Sekunde mehr in Ihrem Leben für die nächsten zig Jahre, in denen Sie sich nicht gemeinsam mit Ihrer Partnerin irgendwie darum kümmern, wo Ihr Kind ist und was es tut.

Von nun an ist Ihr Baby immer dabei, wenn Sie mit Ihrer Partnerin zusammen sind. Wenn Sie alleine das Baby haben, dann wird es auch keine Sekunde geben, in der Sie komplett „frei" haben, sondern Sie sind ständig in der Verantwortung. Die Außenwelt wird Ihnen das auch widerspiegeln, wenn Sie unterwegs sind und man Ihnen doch hin und wieder die Türen aufhält. Die Themen, über die Sie sprechen, werden sich wandeln. Vor allem in der ersten Zeit steht Ihr Baby im Vordergrund, und andere Eltern werden weit mehr zu Ihnen den Kontakt suchen und sich mit Ihnen austauschen, als das bisher der Fall war. Vorbereiten kann man sich auf diese Situation aber nicht wirklich. Die simple Formel heißt hier: einfach hineinwachsen.

Die Vaterrolle hat sich in den vergangenen Jahrzehnten komplett gewandelt. Heutzutage ist es durchaus weit verbreitet, dass der Mann an Schwangerschaft und Geburt aktiv Anteil nimmt. Diese Zeit wird damit zu einem gemeinsamen Erlebnis, zu einem integralen Bestandteil der Beziehung zwischen Frau und Mann. Der moderne und aktive Vater ist von der ersten Lebensminute an bei seinem Kind dabei. Vom Trend her ist die Zeit des Feierabendvaters vorbei. Für die neuen Väter geht damit aber nicht nur Freude einher, sondern es gibt auch die Konfrontation mit den neuen Lasten des Babyalltags. Dadurch erfährt auch der Vater von der Doppelbelastung von Beruf und Familie, die bisher vor allem einseitig auf die Mütter abgewälzt wurde.

Allerdings muss man auch realistisch sehen, dass die aktive Vaterschaft häufig noch aus Lippenbekenntnissen besteht, die weit im Vorfeld der Schwangerschaft gemacht werden. Auch bei jungen Familien regiert gerade gegenüber den neugeborenen Babys noch das traditionelle Rollenverhalten. Wenn es ihnen zu anstrengend wird, erklären die meisten Männer die Dinge schnell zur Frauensache. Es kommt ihnen dann auch ganz gelegen, dass sie meist das Geld verdienen müssen. Der Beruf wird zur bequemen Rückzugsposition und Legitimation, um sich als Mann vor der ernsthaften Auseinandersetzung mit Schwangerschaft, Vaterschaft und dem Baby zu schützen.

Je intensiver der Vater jedoch seine Rolle als aktives Elternteil auch schon während der Schwangerschaft und im frühen Babyalter wahrnimmt, desto enger entwickelt sich die Beziehung, zwischen dem Baby und dem Vater. Ein solches Verhältnis macht einen großen Unterschied zu der Beschränkung auf den Gute-Nacht-Kuss-Vater beziehungsweise den Wochenend-Spaziergangs-Vater.

Männer haben als junge Väter immer noch viele Hürden zu überwinden. Der wirklich aktive Vater gehört bisher noch nicht zum Standardprogramm in unserer Gesellschaft. Diese aktive Vaterrolle, sofern Sie diese denn überhaupt beanspruchen, kann durchaus auch zu Konflikten mit Ihrer Partnerin führen. Denn auch bei den Partnerinnen ist häufig noch das Rollenbild der Mutter, die in den ersten Lebensjahren des Kindes alles bestimmte, fest verankert. Es kann also gut sein, dass, auch wenn Ihre Partnerin Ihre aktive Vaterschaft vom Verstand her durchaus begrüßt, sie damit in ihrem Innersten Probleme hat. Vielleicht denkt und handelt sie insgeheim noch eine ganze Weile so, als wenn nur sie die wichtigen Entscheidungen für das Baby allein zu treffen hätte.

Wenn Sie als Vater gern auch in den ersten Wochen und Monaten eine aktive Rolle bei Ihrem Baby spielen wollen und Ihre Partnerin stillt, dann hilft es, wenn Sie mit dem Stillrhythmus Ihres Babys vertraut sind. Wann und ob sich bei Ihrem Baby ein Stillrhythmus einstellt, sollten Sie mit Ihrer Partnerin und Hebamme klären, und natürlich spielt Ihr Baby dabei die Hauptrolle. Günstig wäre ein Stillrhythmus von zwei bis vier Stunden, weil Sie dann schon nach einigen Wochen allein mit Ihrem Baby spielen oder rausgehen können, ohne Sorge haben zu müssen, dass Ihr Baby plötzlich einen nicht zu bändigenden Hunger bekommt. Ihre Partnerin kann dann auch einmal für einige Stunden das Haus verlassen, ohne dass Sie Sorge haben müssen, das Kind nicht mehr beruhigen zu können, da es gestillt werden will.

In Absprache mit der Hebamme oder Ihrem Arzt kann Ihrem Baby auch andere Flüssigkeit, wie beispielsweise Fencheltee, gegeben werden. Die Absprache mit Arzt oder Hebamme ist notwendig, da das reibungslose Funktionieren des Stillens durch das Fläschchengeben gefährdet werden kann.

Sollte ein Stillrhythmus erst einmal etabliert sein, so ist die Folge, dass sich das Baby nicht allein nur vom Stillen beruhigen lässt, sondern Sie auch das Baby unabhängig davon beruhigen können. Außerdem lernt das Baby, klar zu unterscheiden zwischen dem Hunger und seinen anderen Bedürfnisse, ohne diese miteinander zu vermengen. Ein unregelmäßiger Stillrhythmus bringt Sie ständig in die Verlegenheit, das Baby eventuell doch durch die Mutter stillen lassen zu müssen.
Ein Stillrhythmus kann nur eine zeitliche Orientierung sein und ist nicht immer durchzuhalten. So kann es sein, dass das Baby bei

Krankheit, Wetterumstellungen, Aufregungen und aus anderen wichtigen Gründen mehr oder weniger gestillt werden muss, als es dem ganz genauen Rhythmus entsprechen würde.

Mit Baby allein zu Haus

Sicherlich passiert es in den ersten Wochen bereits schon einmal, dass Sie mit Ihrem Baby allein zu Hause bleiben. Das verspricht eine spannende Erfahrung für Sie zu werden. Erst wenn man einmal länger mit einem Neugeborenen allein geblieben ist, weiß man, wie viel auch mit einer einzigen Hand zu erledigen geht, und wie elastisch der eigene Rücken ist – oder eben auch nicht.

Eigentlich sind die Situationen so einfach vorstellbar, aber das Phänomen besteht darin, dass es sich alle, die keine Kinder haben, beim besten Willen nicht ausmalen können. Nehmen wir doch einmal ein ganz einfaches und durchaus realistisches Szenario. Sie gehen etwas später ins Büro, um für zwei Stunden auf das Baby aufzupassen, während Ihre Partnerin zur Nachsorgeuntersuchung zum Gynäkologen geht.

Ihr Baby ist wach und Sie haben es im Arm. Es schreit aber bitterlich, wenn Sie es hinlegen, und schlafen will es auch nicht. Von Zeit zu Zeit jammert es auch ein wenig auf Ihrem Arm. Nach einer Weile des Rumtragens würden Sie gern Ihre Morgendusche nehmen – Fehlanzeige. Sie sollten warten bis das Baby schläft. Das kann aber dauern. Da Sie jetzt schon auf das Duschen verzichten, wollen Sie sich einen Kaffee und ein Brot machen. Jeder Schraubverschluss und jedes Brotaufschneiden wird einarmig zu einer Tortur oder vielleicht sogar unmöglich. Dann müssen Sie mal auf Toilette, Sie ahnen schon die Problematik... Und dann bekommen Sie einen Anruf aus dem Büro. Von dem lauten Klingeln fängt das Baby wieder an zu schreien und lässt sich während des Gesprächs auch nicht beruhigen...

Bis Sie sich in einigen Wochen an solche Umstände gewöhnt haben, gab es kaum Momente, in denen Sie sich mehr ins Büro sehnten, sich entspannter bei Ihrer Arbeit fühlten und in denen Sie mehr auf Ihre Partnerin warteten.

Geliebte Regelmäßigkeit

Für ein Baby ist grundsätzlich alles neu. Aber jeder Mensch braucht ein gewisses Maß an Vertrautem, um überhaupt das Neue aufnehmen zu können. Rituale, Wiederholungen und Regelmäßigkeit schaffen Bekanntes und Vertrautes. Deshalb lieben Babys die Regelmäßigkeit und die Wiederholung. Ein Beispiel: Ebenso, wie Sie selbst auch gern wissen, wann Sie etwas zu Essen bekommen, erleichtert es auch dem Baby das Leben sehr, wenn Sie seine Vorlieben berücksichtigen und ihm immer in den gleichen Abständen Essen geben. Das Gleiche gilt, wenn Sie darauf achten, wann das Baby abends müde wird und wenn Sie daraus einen Anhaltspunkt für die Einschlafzeit gewinnen. Sie sollen mit diesen regelmäßigen Abläufen den Biorhythmus des Kindes unterstützen und möglichst nicht das Kind in Ihr eigenes Zeitraster reinpressen. Wenn Kinder im Gegensatz zu Ihren eigenen Bedürfnissen ständig und zu rücksichtslos in ein fremdes Schema gezwängt werden, kann dadurch genau das Gegenteil erreicht werden. Diese Kinder können dann gebrochen und verunsichert sein. Das führt zu Resignation und einem starken Klammern an Sie als Eltern. Neben der psychischen Bedenklichkeit dieses Prozesses werden Sie mit einem klammernden Baby noch weniger verbleibende Zeit für sich selbst planen können, als wenn Sie sich einfach gleich nach den Bedürfnissen des Babys richten.

Deshalb wird Ihnen in diesem Buch empfohlen, dass Sie in den ersten Wochen in einem Tagesprotokoll die Still-, Wach-, Schlaf- und Schreiphasen, sowie die sonstigen Aktivitäten Ihres Babys festhalten sollten So können Sie nach wenigen Tagen schon erste Regelmäßigkeiten erkennen und beginnen, sich nach diesen zu richten. Dementsprechend sollten Sie mit dem Baby nicht gerade einkaufen gehen, wenn es ansonsten immer zu dieser Zeit schläft.

Wenn Sie sich an einen solchen Ablaufplan halten, wird es Ihr Baby wesentlich einfacher mit Ihnen haben, und Sie werden es in der Konsequenz auch einfacher mit dem Baby haben.

Muttermilch – das Allheilmittel

Sie glauben gar nicht, für was alles Muttermilch eingesetzt werden kann. Als Beispiele seien hier nur folgenden genannt: kleine Wunden des Babys, eine leichte Augenentzündung und für eine freie Nase bei Schnupfen. Experte für die Behandlung solch kleiner Wehwehchen mit Muttermilch ist Ihre Hebamme. Bevor Sie die Muttermilch so einsetzen, sollten Sie das aber mit Ihrer Hebamme und/oder Ihrem Arzt klären. Hier sei nur der Hinweis gegeben, dass die Muttermilch durchaus als Allheilmittel in den ersten Lebensmonaten des Babys gelten kann.

Blähungen und Koliken

Blähungen oder auch Dreimonatskoliken erkennen Sie daran, dass Ihr Baby untröstlich und herzzerreißend über lange Zeiträume schreit, ständig die Beine an den Leib zieht und schnell wieder wegstreckt. Im Bauch Ihres Babys ist ein Tohuwabohu und es gehen häufiger Winde ab.

Die meisten Babys leiden in der ersten drei bis vier Monaten unter starken Blähungen. Vermutet wird, dass das heranreifende Verdauungssystem die Blähungen verursacht. Meist treten die Beschwerden zur gleichen Tageszeit auf, vorwiegend am Nachmittag oder am Abend. Treten die Symptome zum ersten Mal auf, sollte aber eine professionelle Kraft befragt werden, ob es sich tatsächlich um Blähungen oder um etwas Ernsteres handelt. Ihre Hebamme kann Ihnen dabei sicher helfen.

Die Beschwerden können auf vielfältige Art gelindert werden: Zum einen ist Ihre unmittelbare Körpernähe für das Kind sehr wichtig und beruhigt bereits ein wenig. Das Baby will und sollte dann ständig getragen werden, was ihm Geborgenheit, Wärme und Bewegung gibt. Bevorzugt getragen werden kann das Kind in dem Fliegergriff (Baby liegt mit dem Bauch auf Ihrem Unterarm und hat den Kopf wahlweise auf Ihrer Hand oder im Ellenbogen), da es die gestaute Luft so besser ablassen kann. Eine sanfte Bauchmassage im Uhrzeigersinn mit oder ohne entsprechendes Öl aus der Apotheke kann zusätzliche Linderung verschaffen. Weiterhin gibt es noch einige Anbieter von Tropfen, die aber von Ihrer Wirkung her als umstritten gelten. Vor der Anwendung solcher Tropfen sollten Sie mit Ihrer Hebamme die sinnvollsten Maßnahmen erörtern.

Vorbeugend können folgende Maßnahmen ergriffen werden: Bei der Nahrungsaufnahme sollte geschluckte Luft vermieden werden. In die Babyverdauung kann Luft durch Blasen in der Fläschchennahrung oder durch Luftansaugen beim Stillen beziehungsweise beim Fläschchengeben gelangen.

Nach der Nahrungsaufnahme sollte immer auf das ausführliche Bäuerchen-Machen geachtet werden, um möglichst keine störende Luft in das Verdauungssystem des Babys gelangen zu lassen. Gerade in den ersten kolikgefährdeten Monaten kann bei Bedarf ungesüßter Fencheltee vor und zwischen den Milchmahlzeiten hilfreich sein. Kümmeltee kann auch funktionieren, schmeckt aber dem Baby noch weniger als Fenchel, da der Geschmack wesentlich strenger ist. Bei einer Flaschenernährung sollte darauf geachtet werden, dass der richtige Sauger verwendet wird. Außerdem darf die Nahrung nicht schaumig geschüttelt, sondern immer nur gekippt werden. Beim Stillen sollte das Baby richtig angelegt werden. Weiterhin kann ein fester Stillrhythmus mit Stillpausen von ungefähr zwei bis drei Stunden von Vorteil sein, da die bereits getrunkene Milch verdaut sein sollte, bevor die neue hinzukommt. Bei Flaschennahrung sollten Sie Ihre Hebamme fragen oder sich die einschlägigen Testergebnisse besorgen.

Ihre Partnerin sollte auch darauf achten was sie isst, denn vieles kann bei Ihrem Baby Blähungen verursachen. Als übliche Verdächtige auf dem Speisezettel gelten Knoblauch, Zwiebeln, Kohlgemüse und Hülsenfrüchte. Es kann auch andere Auslöser geben. Das muss dann Ihre Partnerin im Einzelfall herausfinden.
Diese Anregungen können selbstverständlich nicht den Rat eines Experten ersetzen, aber vielleicht Anregungen aus der Praxis vermitteln. Vor allem kann man in der ersten Zeit meist gar nicht genug Anregungen zu diesem Thema bekommen, da die Blähungen ein lautstarkes und unüberhörbares Phänomen und ein nervenaufreibendes Problem darstellen.

Zu warm, zu kalt und die Temperatur

Nach der Geburt müssen Babys in einer schwierigen Umstellungsphase die Körpertemperatur selbst regulieren und den eigenen Temperaturhaushalt in den Griff bekommen.

Die Körpertemperatur des Babys ist noch besonders abhängig von der Umgebungstemperatur und der Kleidung, weshalb es auch nicht einfach ist, die richtige Kleidung für Ihr Baby zu bestimmen und diese immer der Umgebungstemperatur anzupassen.

Grundregel ist, dass vor allem das Bäuchlein, aber auch die Füße immer warm sein sollten. Zweite Grundregel ist, dass gerade das Neugeborene immer eine Mütze tragen sollte, denn über den oft haarlosen Kopf verliert das Baby die meiste Wärme. Die Hände sind bei den Neugeborenen meist kalt, sollten aber immer so bekleidet werden, dass sie eine optimale Körpertemperatur erreichen. Die Füße sollten immer mit warmen Socken eingekleidet sein. Bei den Händen muss man es nicht übertreiben, im Winter dem Baby jedoch Handschuhe anziehen.

Lassen Sie sich ruhig von Ihrer Hebamme bestätigen, ob sie ihr Baby richtig anziehen. Vor allem nachts entsteht das Problem, dass das Baby möglichst in einem kühlen Raum (16 bis 18 Grad Celsius) schlafen soll, ohne es aber allzu dick einzupacken. Zum Warmhalten bieten sich dann zusätzlich zu dem normalen Strampler ein Babyschlafsack und eine Mütze an.

Bei Neugeborenen kann die Temperatur extrem schnell ansteigen oder absinken. Dementsprechend sollte Ihr Baby immer der Außentemperatur angemessen angezogen werden, um eine Unter- oder Übertemperatur zu vermeiden. Als normale Temperatur bei Babys gelten rektal 36,5 bis 37,3 Grad Celsius. Die Messungen in den Bereichen Mund, Ohren und Achseln empfehlen sich bei Babys nicht, da sie meist zu ungenau ausfallen. Man sollte die Temperatur stets im Auge behalten, ohne aber ständig messen zu müssen. Ein gegebenenfalls regelmäßiges Messen für die Protokollierung der Temperatur in den ersten Tagen/Wochen nach der Geburt, sollte möglichst immer zur gleichen Tageszeit erfolgen, um vergleichbare Ergebnisse zu erzielen und die extremen Schwankungen im Tagesverlauf auszuschließen.

Sollte ein Baby eine erhöhte Temperatur haben, so muss zunächst geschaut werden, ob das Baby zu warm oder zu kalt angezogen ist, und ob es genug Flüssigkeit zu sich genommen hat.
Fieber an sich bedeutet zunächst einmal nur, dass der Körper seinen Abwehrmechanismus aktiviert hat, das kann unter anderem auch gegen Viren oder Bakterien sein. Die erhöhte Temperatur, das Fieber, unterstützt den Körper, die Erkrankung zu bekämpfen und ist damit grundsätzlich nichts Schlechtes.

Fiebernde Babys benötigen mehr Flüssigkeit, also sorgen Sie für die notwendige Zusatzversorgung mit beispielsweise Muttermilch, abgekochtem warmen Wasser oder Tees. Sie sollten dann lieber viele kleine Portionen verabreichen als einige wenige große. Auch sollte das Baby mit Fieber keine Mütze tragen, damit die Temperatur entweichen kann.

Das Fieber wird kritisch ab dem Zeitpunkt, wenn es über einige Stunden über 38,5 Grad Celsius liegt, und wenn das Baby krank oder mitgenommen aussieht. Das Baby ist dann meist äußerst schlaff, hat kaum noch Körperspannung und reagiert nicht mehr so aufgeweckt wie normalerweise. Sie können das mit einer Blume vergleichen: Ein normales Baby ist wie eine strahlende Blume mit einer wunderschönen Blüte; eines mit erhöhter Temperatur ist wie eine schlaffe, matte Blume, die schon ihr Köpfchen hängen lässt. Wenn dieser matte Zustand über mehrere Stunden anhält, sollte in jedem Fall ein Arzt aufgesucht werden. Ihre Hebamme kann Ihnen im Zweifel sicherlich beratend zur Seite stehen.

Windeln und Wachmacher

Wenn Sie noch keine Erfahrung im Windeln von Neugeborenen haben, dann lassen Sie sich das von den professionellen Kräften im Krankenhaus oder von Ihrer Hebamme zeigen. Achten Sie darauf, welche Pflegeutensilien – Windeln, Reinigung und Pflege – Sie benutzen, und ziehen Sie im Zweifelsfall ein Testheft zu Rate.

Für Sie und Ihr Baby ist das Windeln ein wunderbarer Augenblick, um sich im wahrsten Sinne des Wortes näher zu kommen und sich gegenseitig besser kennen zu lernen. Babys lieben die Freiheit des nackten

Herumstrampelns auf dem Wickeltisch und zeigen Ihnen das auch schon nach wenigen Tagen. Wie von allein beginnt man nicht nur das Baby zu säubern, sondern es auch zu streicheln und zu massieren.

Das Windeln ist auch ein beliebter Wachmacher. Wenn Sie also wünschen, dass Ihr Baby noch ein wenig wach ist, beispielsweise weil es während des Stillens eingeschlafen ist, dann sollten Sie Ihr Baby windeln. Ihr Baby wird schnell wieder wach sein und Sie anstrahlen. Wenn Sie aber wollen, dass es weiterschläft, beispielsweise in der Nacht, dann sollten Sie es tunlichst nicht windeln, nur wenn es unbedingt notwendig ist.

Tag und Nacht

Den Unterschied zwischen Tag und Nacht hat das Baby über die ersten neun Monate seines Lebens kaum wahrgenommen. Helfen Sie ihm, innerhalb der ersten Wochen diesen Unterschied kennen zu lernen. Achten Sie darauf, dass nachts die Beleuchtung nicht zu hell ist und umgekehrt, dass Ihr Baby am Tage etwas von dem Tageslicht mitbekommt und nicht in einem komplett abgedunkelten Raum liegt.

Der Schlafrhythmus kann sich bei einem Neugeborenen noch nicht nach Tag und Nacht eingestellt haben. In der Gebärmutter gab es diesen Unterschied nicht, also bedarf das Baby einer Anpassung an diesen Rhythmus. Ansonsten kann es Ihnen leicht passieren, dass das Baby am Tage schläft und in der Nacht wach ist, und das kann auf Dauer sicher nicht in Ihrem Interesse liegen.

Unterstützt wird die Anpassung an den Tag-Nacht-Rhythmus durch regelmäßige Spaziergänge. Sonnenschein und frische Luft sorgen meist dafür, dass das Baby nachts besser schlafen kann. Außerdem sollte das Baby in der Nacht und am Abend möglichst nicht überdreht werden, also mit zu vielen Reizen konfrontiert und zu stark aufgemuntert werden. Lassen Sie den Abend ruhig ausklingen und gehen Sie lieber noch einmal kurz mit Ihrem Baby spazieren, wenn es abends nicht einschlafen kann.

Es bietet sich auch an, nachts dichtere und besser saugfähige Windeln zu verwenden, denn dann sind Sie meist nicht gezwungen, Ihr Kind in der Nacht zu windeln. Wie oben ausgeführt, macht das Windeln Babys im Allgemeinen munter, und Sie werden Schwierigkeiten haben, das Baby danach wieder zum Einschlafen zu bewegen.

Tragetücher, wie im siebten Himmel

Wenn Sie etwas neben Ihrem Baby in den ersten Monaten besonders lieben werden, dann wird das Ihr Tragetuch sein. Denn wenn gar nichts mehr Ihr Baby beruhigen kann und Sie ansonsten stundenlang mit Ihrem Baby auf und ab gegangen wären, dann packen Sie Ihr Baby in das Tragetuch. Wenn Sie Ihr Baby in das Tuch hineinsetzen, wird es am Anfang schreien, sich aber gleich beruhigen und in einen sanften Tiefschlaf fallen. Anschließend werden das Baby und Sie die unmittelbar eintretende Entspannung und Ruhe mehr als genießen.

Wenn Sie Ihr Baby eng genug binden, so können Sie das Tragetuch quasi ab der Geburt verwenden. Erkundigen Sie sich im Fachhandel über das Angebot an Tüchern, Farben und Preisen. Andere Trageeinrichtungen, die nicht selber gebunden werden, sondern als vorgebunden gekauft werden, liegen meist nicht so dicht am Körper und unterstützen die Wirbelsäule zu wenig, so dass sie nicht in einem so frühen Baby-Stadium angewendet werden sollten. Diese vorgebundenen Trageeinrichtungen könnten Sie dann frühestens ab dem vierten Monat verwenden.

Das Tuch wiegt Ihr Baby zum einen in einen harmonischen Schlaf und erfüllt daneben noch weitere Funktionen. Das Baby hat einen ganz engen Körperkontakt zu Ihnen, was für sich allein schon sehr positiv ist und eine Sicherheit und Geborgenheit ähnlich wie in der Gebärmutter vermittelt. Die Wärme der beiden Körper ergänzt sich, und das Elternteil regelt die richtige Körpertemperatur des Babys automatisch mit. Durch das Tragen wird der Gleichgewichtssinn des Babys trainiert. Die enge Bindung, die Bewegung und der Wärmeaustausch wirken auch verdauungsregulierend und üben eine kurierende Wirkung auf Blähungen und Koliken aus. Sie werden zufrieden feststellen, dass bei Ihrem Baby oben und unten die Luft vermehrt austritt, wenn es im Tuch getragen wird. Das waren alles die direkten Vorteile für Ihr Baby. Sie haben aber auch einen ganz entscheidenden Vorteil für sich: Wenn das Baby im Tuch ist, haben Sie die Hände frei und können ohne größere Einschränkungen agieren.

Ergo: Es gibt also zahlreiche Gründe, um die Vorteile eines Tragetuchs zu nutzen und dem Baby und sich selbst viele nervenaufreibende Stunden zu ersparen. Lassen Sie sich von Ihrer Hebamme oder in einem entsprechenden Kurs zeigen, wie Sie das Tuch binden. Vor allem ist es wichtig, dass das Tuch nicht zu locker sitzt.

Fläschchen oder nicht Fläschchen

Wenn Ihre Partnerin stillt, ist das Fläschchen zunächst tabu, da Flaschen- und Brustsaugen unterschiedliche Saugtechniken erfordern. In dieser ersten Zeit muss sich Ihr Baby zunächst daran gewöhnen, gestillt zu werden und stabil aus der Brust zu trinken. Stimmen Sie mit Ihrer Hebamme den Zeitpunkt ab, wann sie das Fläschchen für Fencheltee und ähnliches verwenden dürfen.

Gerade für Sie als Mann wird es ein schönes Gefühl sein, Ihrem Baby auch einmal Nahrung geben zu können, sobald Sie das Fläschchen benutzen dürfen. Selbstverständlich gilt dies nur, wenn Ihre Partnerin stillt. Wenn Sie sich jetzt fragen, wie Sie dem Baby, bevor Sie das Fläschchen verwenden dürfen, Flüssigkeit wie Fencheltee geben können, dann ist die Antwort ganz einfach und hört sich genauso anstrengend an wie sie ist: mit einem Baby-Löffel.

Spieluhr

Eine Spieluhr sollten Sie sich schon im Vorfeld besorgen oder schenken lassen. Sie ist ein unentbehrliches Requisit, um das Baby ins Bett zu bringen und diese Handlung zu einem musikalisch begleiteten Ritual werden zu lassen.
Es gibt die verschiedensten Modelle mit den unterschiedlichsten Melodien. Die Spieluhr wird Sie über die kommenden Jahre allabendlich begleiten. Lassen Sie sich deshalb nicht einfach irgendeine

Spieluhr schenken, sondern suchen Sie unbedingt mit Ihrer Partnerin zusammen die Melodie und das Aussehen aus. Achten Sie darauf, dass die Spieluhr nicht zu laut ist oder weit genug von Ihrem Baby entfernt ist. In Tests waren einige Spieluhren zu laut.

Es gibt viele Hinweise, dass das Baby bereits im Mutterleib hören kann. Sie könnten also das Baby schon im Bauch mit der Melodie allabendlich vertraut machen.

Verzweiflung

Es werden auch nicht die Momente ausbleiben, in denen Sie Ihr Baby bereits mehrere Stunden durch die Gegend getragen und in denen Sie alle Tricks probiert haben, die Sie sich inzwischen angeeignet haben, aber der einzige Erfolg ist, dass das Baby noch mehr schreit. Dann sind mindestens zwei Menschen verzweifelt: Ihr Baby, Sie und eventuell noch Ihre Partnerin, die im Hintergrund mithört. Was die ganze Sache nicht einfacher gestaltet, ist, dass das Baby mit Ihrer wachsenden Verzweiflung auch noch hysterischer wird.

Versuchen Sie nicht zu verzweifeln, sondern immer daran zu denken, dass das alles ganz normal ist. Das sind Lernprozesse, die zwar für alle Seiten zeitweise schmerzhaft und anstrengend sind, aber auf der anderen Seite auch mit so viel positiver Energie belohnt werden. Und wenn man sich dann noch einmal überlegt, wie groß das Projekt ist, dass Sie gerade erst begonnen haben, und das mit der Arbeit und der Verzweiflung vergleichen, die bei ähnlich großen Projekten auftauchen, dann relativiert sich der Level der Verzweiflung schon wieder.

Diese Verzweiflung weicht aber mit der Zeit einer immer größeren Sicherheit von Ihrer Seite und von der des Babys. Ihr Kind ist schon bald auf der Welt angekommen, beginnt, sich wohler zu fühlen, und Sie wissen dann schon wesentlich besser, wie man mit dem Baby umzugehen hat. Die meiste Zeit werden Sie von Ihrem Baby angestrahlt und angelacht. Dann haben Sie die Strapazen des Anfangs schon wieder völlig vergessen und sind einfach nur begeistert von so viel Glück, das Sie in Ihren Armen halten dürfen.

Beziehung mit neuen Vorzeichen

Einige Wochen werden Sie als junger Vater von der Euphorie über die Geburt und Ihr Baby vollkommen überwältigt sein. Ihr Leben mit Ihrer Partnerin wird sich aber radikal verändert haben. Zuwendungen, die vorher zwischen zwei Menschen geteilt wurden, werden jetzt bestenfalls gedrittelt, wenn Sie beide als Elternpaar nicht sogar wesentlich kürzer wegkommen. Denn fast alle Aufmerksamkeit und Liebe wird zunächst auf das Neugeborene konzentriert. Das Prinzip ist einfach zu verstehen, eventuell aber problematisch zu leben.

Vor allem wenn Mann seinem normalen Berufleben weiter nachgeht und sich die Frau fast ausschließlich um das Baby kümmert, dann leben beide Partner in unterschiedlichen Welten. Während er abends ausspannen und sich von der Arbeit erholen möchte, hat die Partnerin zum ersten Mal am Tage ein paar Minuten für sich selbst Zeit und erwartet von dem Partner, sich auch unaufgefordert an der Kinderpflege und der Haushaltsarbeit zu beteiligen.
Diese neue Dreier-Konstellation muss sich erst aufeinander einspielen und ist nicht frei von Konflikten. Also versuchen Sie, mit Ihrer Partnerin gemeinsam abzuklären, wie Sie sich die neue Situation vorstellen, und wie Sie diese organisieren wollen. So ersparen Sie allen Seiten Enttäuschungen und falsche Erwartungen, und Sie können vielleicht einige überflüssige Spannungen vermeiden.

In die gleiche Kerbe schlägt die Sexualität in der Beziehung, die sich sicherlich auch verändert. Aber auch hier gilt es, sich nicht aus der Ruhe bringen zu lassen und ganz einfach zu akzeptieren, dass die Situation eine neue und andere ist, die sich erst wieder einspielen muss.

Baby und Geld - Behördengänge

Da sich nicht nur Ihr Baby ständig wandelt, sondern auch die Familienpolitik der Regierungen, können hier keine detaillierten Angaben zum Procedere gemacht werden, sondern nur ein paar generelle Hinweise gegeben werden.

Erkundigen Sie sich am besten vor allen Behördengängen sowohl im Internet als auch telefonisch, welche Unterlagen notwendig sind. Häufig können Sie sich die Formulare auch schon im Internet herunterladen, ausdrucken und dann bereits mit ausgefüllten Bögen Ihren Ritt durch die Ämter antreten. Bequem ist es, dass für all diese Behördengänge ein Elternteil ausreicht. Von dem abwesenden Elternteil benötigen Sie je nachdem nur eine Unterschrift, einen Personalausweis oder auch eine Vollmacht.

Manches können Sie auch einfach postalisch erledigen. Und das ist ein Vorteil, denn Sie können sicher sein, dass Ihr Baby Behördengänge nicht mehr schätzt als Sie selbst. Im Unterschied zu Ihnen, macht Ihr Baby dies aber durch sein Schreien ungeniert deutlich.

Sie müssen in jedem Fall mit der Geburtsurkunde beginnen. Diese müssen Sie beim Standesamt beantragen. Grundvoraussetzung ist natürlich, dass Sie sich gemeinsam mit Ihrer Partnerin für einen Namen entschieden haben. Wirklich Eile haben Sie damit nicht, denn Sie können sich in Deutschland bis vier Wochen nach der Geburt Zeit lassen.

Wenn Sie die Geburtsurkunde haben, dann können Sie Kindergeld beantragen. Kindergeld erhalten Sie derzeit vom Arbeitsamt. Und schließlich könnten Sie noch Erziehungsgeld erhalten, sofern Sie innerhalb der Bemessungsgrenzen liegen und die sonstigen Voraussetzungen erfüllen.

Bitte, machen Sie sich keine Gedanken über die Logik, warum Sie nicht alles bei einer Stelle beantragen können, sondern jeweils die gleichen Unterlagen hin- und herschleppen müssen – und das gerade in den ersten Wochen, in denen man als Eltern alles andere zu tun hat, als auf Ämtern zu sitzen und zu warten. Aber die Bürokratie folgt ganz einfach ihrer eigenen Binnenlogik, und die will und kann man nicht verstehen, man hat schließlich Besseres zu tun.

Zeitmanagement mit Baby

Sie sollten sich ausführlich auf Ihr Baby vorbereiten und das eigene Zeitmanagement immer weiter optimieren. Auch wenn man nicht alles einplanen kann, so kann man sich doch schon eine grobe Vorstellung machen und diese dann an die Realität anpassen.

Man kann es gar nicht häufig genug sagen: Was man sich, solange man noch kein Baby hat, nicht klar macht, ist, dass man 24 Stunden am Tag, sieben Tage die Woche und alle Tage im Monat sowie im Jahr und für die nächsten Jahre, immer für das Baby und dann später das Kleinkind verantwortlich ist. Egal, ob Ihr Baby Hunger hat, ob es Durst hat, ob es einfach Aufmerksamkeit will, ob Sie nicht wissen, was es hat oder ob es schläft oder nicht schläft. Sie werden ganz einfach den ganzen Rest Ihres Lebens mit Ihrem Kind beschäftigt sein. Sicherlich nimmt die aufzubringende Zeit mit zunehmendem Alter ab, aber für die ersten sechs bis acht Jahre können Sie sich schon einmal getrost eine Rund-um-die-Uhr-Betreuung in Ihren Kalender eintragen oder diese auf Sie als Eltern aufteilen.

Sie werden sehen, dass schon die einfachsten Dinge von der Welt, wie die kurze Einkaufsfahrt, plötzlich zu einem Problem ausarten können. Selbstverständlich haben Sie nach kurzer Zeit Routine darin, aber es bleibt trotzdem ein langwieriger Prozess, denn Sie müssen sich vor Augen halten, was notwendig ist, um einmal simpel einkaufen zu gehen. Vorausgesetzt, Sie sind alleine, dann müssen Sie:

- das Baby wärmer anziehen
- mehrere abgekochte Schnuller einpacken
- eventuell einen Tee warm machen und in einem Thermosbehälter mitnehmen
- den Wagen oder das Tuch mitnehmen
- sich selbst anziehen und Einkaufstaschen einpacken
- Kinderwagen fertig machen
- und je nach Verkehrsmittel an den Kindersitz im Auto denken oder die Fahrscheine bereit halten.

Und das machen Sie alles einhändig. Oder Sie legen das Baby währenddessen ab, und es wird Ihnen ganz schnell schreiend deutlich machen, dass es nicht gern allein gelassen wird.

Gerade deshalb ist auch das Thema Zeitmanagement ein so zentrales. Sobald Sie Ihre Orientierungsphase in den ersten Wochen nach der Geburt hinter sich haben, sollten Sie sich die Betreuung Ihres Babys mit Ihrer Partnerin aufteilen. Nur dann haben Sie beide auch in der Zukunft die Chance, ein paar Sachen für sich selbst zu erledigen. Und das wird nicht nur Ihrer Partnerin gefallen, sondern kann sich durchaus auch als beziehungsfördernd erweisen. Denn wenn Sie das Baby einfach Ihrer Partnerin allein überlassen, dürfen Sie sich nicht wundern, dass Sie Ihre Partnerin kaum noch sehen, und dass sie einen neuen Mittelpunkt in ihrem eigenen Leben gefunden hat. Dieser Mittelpunkt wird das Baby sein und nicht Sie. Wenn Sie aber an dem neuen Mittelpunkt teilnehmen, dann haben Sie in Ihrer Beziehung einen neuen gemeinsamen Höhepunkt gefunden.

Wenn Ihre Partnerin stillt und Sie sich, wie hier beschrieben, die Zeit mit dem Baby einteilen wollen, so ist es nützlich, dass Ihre Partnerin – in Absprache mit Ihrer Hebamme – versucht, einen festen Stillrhythmus nach den Bedürfnissen des Babys zu etablieren. Wenn das nicht gelingt, dann können Sie oder andere Dritte nur sehr begrenzt auf das Baby allein aufpassen, da es jederzeit Heißhunger bekommen könnte.

Die erste Maßnahme ist sicherlich, dass Sie schon während der Schwangerschaft nach geeigneten Dritten Ausschau halten, die auf Ihr Baby aufpassen könnten. Dies werden gerade in den ersten Monaten wahrscheinlich Verwandte, meist die Großeltern, oder Freunde sein. Sie sollten zusehen, dass Sie bereits im Vorfeld mögliche Kandidaten für die Kinderbetreuung identifizieren und diese in den ersten Lebenswochen eng mit Ihrem Baby zusammenbringen, um sie Ihrem Baby vertraut zu machen. Diese Personen sind dann nämlich auch in der Lage, einmal auf Ihr Baby aufzupassen, wenn Sie mit Ihrer Partnerin zu einer Veranstaltung wollen, zu der Sie Ihr Baby nicht mitnehmen können.

Planen Sie bei Terminen mit dem Baby immer zusätzliche Zeit für unvorhergesehene Ereignisse ein, sei es nun, dass Ihr Baby noch einmal gewickelt werden muss oder dass es Ihren Anzug mit einem satten Aufstoßen auf den direkten Weg in die Reinigung befördert.

Setzen Sie sich auch realistische Ziele. Wenn Sie auf das Baby aufpassen, schaffen Sie vielleicht noch mit verminderter Geschwindigkeit einzukaufen oder zu kochen, aber ein Buch zu lesen oder einen längeren Text konzentriert zu schreiben, werden Sie in den seltensten Fällen können. Also setzen Sie sich immer die Ziele realistisch, sprich sehr niedrig, dann werden Sie auch nicht enttäuscht, dass Sie diese permanent verfehlen.

Sie sollten sich weiterhin Gedanken machen, wie Sie Familie, Freunde, Beruf und sonstige Aktivitäten unter einen Hut bringen. Es bietet sich an, Ihren Babydienst für Treffen mit Ihren Freunden oder vertrauten Geschäftspartnern zu nutzen – ausgedehnte Spaziergänge und Caféhausbesuche laden geradezu dazu ein. Auch für sich allein können Sie diese Zeit durchaus produktiv gestalten, indem Sie Babys Schlafpausen zum Lesen bzw. Telefonieren nutzen oder kurze Texte und Ideen mit einem Diktiergerät festhalten.

Je effektiver Sie die wenige Zeit nutzen, die Sie noch für sich haben, desto intensiver können Sie sich mit Ihrem Baby befassen. Sie werden ohne Frage bereits in den ersten Tagen nach der Geburt feststellen, wie wenig Zeit Ihnen neben Baby und Familienleben bleibt und wie Sie jede Minute schätzen werden, die Sie gewinnen.

Genießen Sie Ihr Baby! Am Anfang sind die Veränderungen im Leben und die Anforderungen des Babys an Sie so groß, dass es zunächst schwer fallen kann, dass Sie Ihr Baby richtig genießen. Aber versuchen Sie, sich gleich vorzustellen, wie verhältnismäßig kurz die Zeit mit Ihrem Baby ist, und wie schnell es sich entwickelt. Bedenken Sie auch, was Sie alles für immer und ewig verpassen, wenn Sie sich zu wenig mit Ihrem Baby beschäftigen. Meistens wird einem das erst einige Wochen nach der Geburt klar, wenn Sie dicht genug dran sind und jeden Tag die Veränderungen bestaunen können. Sie werden in Ihrem Leben nicht so häufig die Gelegenheit haben, der Evolution im Mikrokosmos beizuwohnen. Die Zeit, die in den ersten Tagen gar nicht vergehen will, beginnt schon nach wenigen Wochen zu rennen. Eh Sie sich versehen, haben Sie ein Kleinkind, und dann freuen Sie sich, wenn Sie das Baby in vollsten Zügen genossen haben.

Scheuen Sie sich nicht davor, Ihrem Baby eine höhere Wertigkeit als Ihrem Berufsleben zuzuordnen. Ebenso, wie Sie für Ihren Beruf feste Arbeitszeiten haben, die Sie auch einhalten müssen, genauso sollten

Sie sich das auch für Ihr Baby einrichten. Und die zeitliche Belastung ist nicht zu knapp. Wenn Sie einmal davon ausgehen würden, dass Ihr Baby zusammen genommen ca. 14 Stunden am Tag wach ist, von den insgesamt 24 Stunden, dann ergibt sich ein ambitionierter Zeitplan für Sie. Wenn Sie sich theoretisch die Betreuung mit Ihrer Partnerin zu gleichen Stücken aufteilen würden, dann hätten Sie täglich zwölf Stunden Babydienst, wovon das Baby fünf Stunden schläft und sieben Stunden wach ist. Und Ihr Baby ist weder am Stück wach, noch schläft es am Stück. Also verteilen Sie die Wach- und Schlafzeiten über die zwölf Stunden. Addieren Sie also einfach zu Ihrer Arbeitszeit den Babydienst und Sie wissen, warum die meisten jungen Eltern übermüdet aussehen und Augenringe haben.

Aus dieser neutral beschriebenen Perspektive sollte Ihnen deutlich werden, welche dramatische Wende Ihr Leben mit der Ankunft des Babys genommen hat. Wenn Sie bisher vielleicht noch keine Vorstellung hatten, was an einem Kind so anstrengend ist, dann können Sie es sich jetzt vielleicht entfernt vorstellen. Sicherlich wird Ihnen nun auch klar, warum es sehr wichtig ist, dass Ihre Partnerin auch einmal entlastet wird. Denn selbst wenn sich Ihre Partnerin für eine begrenzte Zeit aus dem Berufsleben verabschiedet, so sollten Sie ihr nicht die Betreuung über sieben Tage à 24 Stunden in der Woche zumuten. Vor allem braucht Ihre Partnerin auch Unterstützung, weil Sie noch körperlich durch die Schwangerschaft und durch die körperliche Umstellung erschöpft ist.

Jeder Mensch, also auch Ihre Partnerin, braucht einmal ein wenig Zeit für sich selbst. Ansonsten dürfen Sie sich nicht wundern, wenn auch schnell einmal das Familienglück getrübt sein kann und die Beziehung in die Brüche zu gehen droht.

Bababa – 2. bis 3. Monat

Drama Einschlafen

Wenn Babys einschlafen sollen und nicht bereits von allein auf dem Arm oder anderswo eingeschlafen sind, dann gibt es meist ein Drama. Das Drama kann verschiedene Ursachen haben, wie beispielsweise:

- fehlende Müdigkeit
- mangelnder Körperkontakt
- Überreizung oder/und Übermüdung
- Bedürfnis zu weinen
- Eltern sind nicht entspannt
- Baby hat seinen eigenen Willen
- etc.

Wichtig ist zunächst einmal zu verstehen, dass man als Eltern häufig von seinen eigenen Bedürfnissen ausgeht und diese dann auf den Lebensrhythmus des Babys überträgt. Wenn die Eltern beispielsweise gern immer ab 20.00 Uhr Ruhe für sich selbst haben wollen, kommt schnell die Idee auf, dass das Baby um diese Zeit ins Bett gehen soll. Zum einen muss das aber keineswegs die Zeit sein, zu der das Baby auch müde ist, und zum anderen gehen auch Erwachsene je nach Tagesform unterschiedlich zu Bett. Deshalb sind zu starre Einschlafzeiten sicherlich einer von vielen Gründen für das Baby, berechtigt zu protestieren. Trotzdem wird eine gewisse Regelmäßigkeit auch von der Seite des Babys gewünscht.

Beobachten Sie das Baby und versuchen Sie, seinen Rhythmus zu nutzen, um sich an ein Zeitgerüst anzulehnen, das dem Baby seinen Tagesrhythmus gibt. Lassen Sie das Baby vor der Schlafenszeit nicht zu viel schlafen, sondern wach und sanft in die Schlafstimmung kommen. Sehen Sie auch zu, dass das Baby jeden Tag genug frische Luft bekommt und tagsüber genug Reize und Bewegung hat, um abends müde zu sein. Vor dem Einschlafen sollte die Intensität der Außenreize immer weiter abnehmen und selbstverständlich sollte es kein helles Licht und keine laute Musik geben. Insgesamt sollte eine entspannte Atmosphäre herrschen. Wenn das Baby weinen muss, um Spannungen abzubauen, dann sollte man es im Arm halten, es sanft auf den Rücken klopfen und verstehend und ruhig mit ihm sprechen. Lassen Sie es sich auch ruhig einmal ausweinen.

Babys sind auch in der Nacht häufig unruhig, weil Sie sich im Traum erschrecken oder beispielsweise ihren Schnuller verlieren. Dann muss man sehr sanft und behutsam versuchen, dem Baby wieder alles so herzurichten, dass es zufrieden ist und weiterschlafen kann.

Besonders gut schlafen Babys auch in Tragetüchern. Hier können Sie noch eine Zeit lang geborgen und sicher den Gang der Dinge der Eltern verfolgen, und dann werden sie einfach müde und schlafen ein.

Der Schnuller ist für die meisten Babys ein wichtiges Requisit zum Beruhigen und Schlafengehen. Babys scheinen die beruhigende Wirkung der Brustwarze auf den Schnuller zu übertragen und fühlen sich deshalb sehr geborgen, wenn Sie an einem Schnuller saugen. Für viele Eltern kann es sich zu einem Glaubenskrieg entwickeln, ob überhaupt ein Schnuller eingesetzt wird. Nach den eigenen Recherchen scheint der Schnuller aber erst überdenkenswert zu werden, wenn sich bereits die Zähne gebildet haben.

Ein weiteres sehr erfolgreiches Mittel, um Babys zum Schlafen zu bringen, ist es, sie direkt im Bett zur richtigen Uhrzeit zu stillen. Es gibt praktisch kein Baby, das dem Zusammentreffen aus Nähe, Wärme, Nahrung und Nachtruhe offenen Auges widerstehen kann. Allerdings sollte das Stillen zum Einschlafen nicht die Regel werden, da sich das Baby daran gewöhnt und in der Konsequenz nur noch die Mutter das Baby ins Bett bringen kann.

Die Entdeckung der Badewanne

Wenn Sie zum ersten Mal Ihr Baby baden, ist das für Sie ein tolles Erlebnis. Wundern Sie sich nicht, wenn Ihr Baby zunächst etwas verdutzt schaut und nicht so recht weiß, ob es das auch toll finden soll, beziehungsweise mögen soll oder nicht. Aber im Allgemeinen sollte Ihrem Baby nach einigen Bädern die vorsichtige Begeisterung ins

Gesicht geschrieben sein, auch wenn es jedes Mal noch ziemlich aufgeregt ist, was an seinen großen Augen und der aufgeregten Atmung abzulesen ist.

Baden Sie Ihr Baby nicht zu häufig, also keinesfalls täglich. Die empfindliche Babyhaut würde ansonsten austrocknen. Wenn es nicht besondere Umstände erfordern, dann reicht generell ein Bad pro Woche völlig aus. Achten Sie darauf, was für ein Bademittel Sie nutzen und studieren Sie lieber wieder die einschlägigen Testergebnisse. Hier gibt es die unterschiedlichsten Empfehlungen, von einfachem Olivenöl bis zu Babybädern mit verschiedenen Inhaltsstoffen.

Am besten baden Sie Ihr Baby auch zum ersten Mal mit Ihrer Hebamme gemeinsam, die Ihnen zeigen kann, wie Sie das Baby richtig in der Babywanne halten, damit es Ihnen nicht wegrutscht. Sowieso sollten Sie Ihre Hebamme vor dem ersten Bad fragen, ob es schon an der Zeit ist, Ihr Baby plantschen zu lassen.

Und noch ein Tipp: Sie werden sehen, dass man als ungeübtes Elternteil, mit leider nur zwei Armen ausgestattet und einem Kind in der Badewanne, schon sehr herausgefordert ist. Deshalb baden Sie, wenn es irgendwie geht, am Anfang Ihr Baby immer zu zweit. Um dies wieder ein wenig plastischer zu machen: Sie müssen gleichzeitig das Badewasser mit der exakt richtigen Temperatur einlassen und Ihr Baby ausziehen. Sie müssen den Wickeltisch/Raum anwärmen, auf/in den Ihr Baby nach dem Baden kommt. Sie müssen das Baby zunächst einmal sauber machen. Sie müssen die Handtücher parat haben. Sie müssen das Baby rundum waschen... Aber, Sie werden trotzdem selten so viel Spaß erlebt haben, wie beim Baden Ihres Babys.

Babybadewannen auf einem Gestell sind sehr praktisch, da Sie nicht immer Ihre gesamte Badewanne vollaufen lassen müssen – sofern Sie eine haben. Es ist auch wesentlich schwieriger in der großen Badewanne die Temperatur so fein zu regeln, als es in einer kleinen Badewanne ist. Zusätzlich sind noch die Kosten für das heiße Wasser in einer großen Badewanne unnötig hoch. Rückenschonend ist es, wenn Sie einen Aufsatz für Ihre Babywanne haben, der auf die normale Wanne aufgesetzt wird. So müssen Sie sich nicht immer bücken und können nach dem Bade gleich bequem das Wasser aus der Babywanne einfach auslaufen lassen, ohne die Babywanne quer durch das Bad oder durch die Wohnung tragen zu müssen. Eine neuere Erscheinung sind Babysitzeimer, die noch nicht wirklich für die ganz kleinen Babys geeignet erscheinen. Wenn Sie so einen Babysitzeimer verwenden, dann achten Sie darauf, dass Sie ihn so aufstellen, dass Sie sich nicht ständig bücken müssen. Babysitzeimer haben aber zwei wesentliche Vorteile: zum einen können sich die größeren Babys darin geborgener fühlen, da sie die Begrenzungen spüren und zum anderen wird noch weniger heißes Wasser verbraucht als in der Babybadewanne.

Sinnesorgane

Ihr Baby ist ein äußerst sensibler Seismograf, der nicht nur mit den fünf Sinnen wahrnimmt, sondern auch Stimmungen und atmosphärische Schwankungen mitbekommt. Beim Baby entwickelt sich die Reichweite der Sinnesorgane in konzentrischen Kreisen mit den Wochen seiner Entwicklung.

Zunächst sind die auf die Nähe ausgerichteten Sinnesorgane besonders ausgeprägt. Das heißt, dass der Tastsinn, das Riechen und das Schmecken, das Hören und das Sehen in Nahbereichen sowie von Hell-Dunkel-Unterschieden besonders ausgebildet sind. Dies ist auch alles, was ein Baby zunächst benötigt, um beim Stillen die Brüste zu finden.

Es ist nun an Ihnen, zum einen Ihrem Baby so viele Reize zu bieten, dass es herausgefordert wird, zum anderen die Sinne aber nicht zu überreizen, was ganz schnell passieren kann. Das Baby wird Ihnen sehr deutlich zeigen, wann es sich unterfordert fühlt, aber auch wenn Sie es überfordert haben. Bei zu vielen Reizen wird es sehr schnell „gereizt" oder schaltet zunächst vollständig ab, um sehr unruhig zu schlafen, später äußerst misslaunig aufzuwachen und stundenlang zu schreien. Ähnliches kann Ihnen auch bei einer Unterforderung passieren, dann kann Ihr Baby beispielsweise anfangen, sich hysterisch heiß zu schreien.

Das Neugeborene hat die Eigenschaft, bei einer Überreizung oder einer anderen Überforderung abschalten zu können. Vermutet wird, dass das junge Nervensystem nicht zu viele Reize von außen verarbeiten kann, da erst einmal die Wahrnehmungsfilter aufgebaut werden müssen. Das Abschalten funktioniert auf verschiedene Art und Weise: Ihr Baby dreht den Kopf weg, weicht mit dem Blick aus; Ihr Baby weint oder fällt in einen tiefen Schlaf.

Stimmen Sie sich in Zweifelsfällen immer mit Ihrem Arzt oder Ihrer Hebamme ab, was Ihrem Baby in einer bestimmten Lebensphase zugemutet werden kann oder was auch nicht. Kompliziert an dem ganzen Thema ist, dass das Baby durch seine rasante Entwicklung seine Bedürfnisse ständig ändert. Also auch wenn man nach einer Weile weiß, was es will, so weiß man innerhalb von kürzester Zeit zwar, was es wollte, aber nicht, was es aktuell will und was man ihm zumuten kann.

Baby-Massage

Wie oben bereits ausgeführt, ist das Fühlen, für ein Neugeborenes zunächst eines der wichtigsten Kommunikationsmittel. Sie haben gerade dann einen besonders engen Kontakt zu Ihrem Baby, wenn das Baby nackt ist, und die Kommunikation verstärkt über die Haptik – das Fühlen – erfolgt. Der Berührungssinn eines Babys ist bereits im Mutterleib entwickelt. Der Fötus wurde dort von der Gebärmutter und dem Fruchtwasser ständig berührt und stimuliert. Diese frühen Massagen sind eine der ersten Erfahrungen bei denen ein Baby mehr über seinen Körper und seine Existenz erfährt. Die Haut kann auf verschiedene Arten stimuliert werden, ob es nun durch Wärme, Kälte, Klopfen, Massieren oder Streicheln ist.

Für das Neugeborene ist Körperkommunikation eine zentrale Möglichkeit, sich auszudrücken und sich den Eltern sowie seiner Umwelt mitzuteilen. Insbesondere in den ersten Monaten nach der Geburt ist das Kind äußerst körperorientiert und die Eltern können Ihrem Kind in dieser Zeit sehr viel durch Körperkontakte vermitteln. Den engen Körperkontakt benötigt das nach der Geburt sehr zarte Geschöpf für seine gesamte spätere Entwicklung. Durch die streichelnden und schützenden Hände der Eltern wird Ihrem Baby das Gefühl des Akzeptiert- und Angenommenseins vermittelt.

Es gibt die verschiedensten Arten und Schulen, wie Sie Ihr Baby massieren können. Das kann einfach im „Freestyle“ sein, wie es Ihnen und Ihrem Baby am besten gefällt oder Sie besorgen sich zusätzliche Anregungen aus Kursen oder über Bücher, wie etwa für die indische, nepalesische oder auch psychoanalytische Massage, um nur einige zu nennen.

Massagen werden das Baby sowohl anregen als auch entspannen. Mit der Massage Ihres Babys sollten Sie ruhig sehr früh beginnen, denn Ihr Baby ist es bereits aus dem Mutterleib gewöhnt, sanft massiert zu werden. Aber um ganz sicher zu gehen, kann man auch erst mit der Baby-Massage in der 4. bis 5. Woche beginnen. In diesem Zeitraum sind Sie bereits im Umgang mit dem Baby sicher, und Sie wissen die Reaktionen des Babys einzuschätzen.

Wenn Sie das Baby massieren wollen, dann sollten Sie noch auf einige Feinheiten achten: Der richtige Zeitpunkt für die Massage ist dann, wenn Ihr Baby satt ist, aber nicht gerade gestillt wurde. Ihr Baby sollte unbedingt auch ausgeglichen sein und gute Laune haben. Sie sollten Ihr Baby nicht massieren, wenn es gerade besonders unruhig ist oder schreit. Der richtige Ort für die Massage sollte warm, ruhig und nicht zu hell sein. Das Baby sollte auf einer weichen Unterlage liegen und die notwendigen Massage-Utensilien, wie Baby-Öl und Tücher, müssen griffbereit stehen und liegen. Es ist eigentlich überflüssig zu erwähnen, dass Sie kurz geschnittenen Fingernägel haben, dass keine Zuschauer anwesend sein sollten und dass, wenn überhaupt, nur eine entspannende Musik läuft, weder laute Popmusik noch das Fernsehen. Weiterhin selbstverständlich sollte es sein, dass auch Sie als Eltern entspannt sind und nicht etwa nebenbei telefonieren.

Baby und Lernen

Es gibt zwar einige Bücher auf dem Markt zu dem Thema Lernen für Babys, sie enthalten aber inhaltlich meist nicht viel mehr als die Fakten, die sich der Normalbürger sowieso vorstellen kann. Die Art von Übungen würde jeder auch ohne Hintergrundwissen mit seinem Baby anstellen, indem er einfach seiner natürlichen Intuition freien Lauf lässt.

Als Anregung sei noch gesagt, dass meist die intensive Beobachtung des Babys genügt, um zu wissen, was das Baby interessiert, und darauf aufbauend, dem Baby seine Umwelt zu zeigen. Wenn ein Baby mit einem Spielzeug nichts mehr lernen kann, wird es schnell das Interesse daran verlieren, und Sie können mit neuen Themen die Aufmerksamkeit und die Neugier Ihres Babys fesseln. Meist zeigt Ihnen das Baby sehr deutlich, was für es selbst die nächste Herausforderungsstufe bedeutet.

Wichtig dabei ist zu beachten, dass Menschen generell nichts vollkommen Neues lernen können, sondern sie müssen alles mit bereits Bekanntem in Verbindung bringen. Deshalb sollte man das Baby nicht drängen, Lerninhalte zu bewältigen, die nicht adäquat sind. Dies kann zu Widerständen führen und letztendlich auch negative Auswirkungen auf die Eltern-Kind-Beziehung haben. Häufig sind die für uns inzwischen als Banalitäten erscheinenden Dinge des Alltags schon fesselnde Aufmerksamkeitsmagneten für Ihr Baby. Diese sollten langsam nach und nach gemeinsam entdeckt werden. Das Baby wird sich vieles weitgehend selbst aneignen, benötigt dann aber, wenn es an einem Punkt nicht mehr weiterkommt, die Unterstützung durch die Eltern. Es ist während der ganzen Betreuung des Kindes immer darauf zu achten, dass man normal mit dem Kind spricht und ihm die Dinge erklärt.
Das umfangreichste Lern- und Spielpotential bieten zunächst sowieso die Eltern, die mit Ihren Berührungen, Bewegungen, Stimmen, Gestik und Mimik mit dem Baby ein unendliches Reservoir an gemeinsamen Abenteuern entdecken können.

Das Baby und sein Ego

Wenn Sie wollen, dass Ihr Baby ein gesundes Ego und Selbstbewusstsein entwickelt, dann sollten Sie lieber auf alle Bedürfnisse Ihres Babys eingehen. Ganz falsch ist es, die Bedürfnisse zu ignorieren, weil man meint, das Baby würde beginnen, einen selbst zu manipulieren. Babys in diesem Alter können noch gar nicht bewusst manipulieren, sondern versuchen sich gerade mühsam auf dieser Welt zurecht zu finden. Mit den banalsten Wünschen, wie Hunger, Nähe und Geborgenheit und Sauberkeit, artikulieren sie Selbstverständlichkeiten, deren Befriedigung außerhalb jeder Diskussion stehen sollte.

Sie können sich das auch an sich selbst klar machen: Wenn Sie in der Lage des Babys wären, würden Sie auch nicht gern allein und einsam, eventuell noch mit Bauchschmerzen und einer nassen Windel in ein hartes und kaltes Bettchen gesperrt werden, aus dem Sie sich nicht alleine befreien können. Als anderes Beispiel kann dienen, dass Heimkinder, die das Problem haben, nicht von ihren eigenen Eltern aufgezogen zu werden, zwangsläufig weniger Fürsorge und Zuwendung bekommen. Die Wünsche der Heimkinder können auch beim besten Willen der Pflegekräfte meist nicht so intensiv wahrgenommen und beachtet werden, wie es die eigenen Eltern vermögen. So verstehen diese Kinder früh, dass Ihre Bedürfnisse nicht ernst genommen werden. Die Folge ist meist Resignation und führt häufig zu einer zurückgebliebenen Entwicklung gegenüber anderen Kindern aus „normalen Elternhaushalten" und zu einem lebenslangen Trauma, da man in den ersten Jahren nicht die Liebe und Zuwendung bekommen hat, der es bedarf.

Selbst die Tiere machen es uns vor. Haben Sie schon einmal eine Affenmutter gesehen, die ihr Junges einfach an die Seite legt und selbst anderen Dingen nachgeht. Nein, das Baby ist immer dabei und fühlt immer die Wärme und Nähe seiner Mutter.

Das Phänomen, überhaupt auf den Gedanken zu kommen, dass Babys weggelegt und allein gelassen werden sowie dass diese manipulieren können, scheint eine sehr rationale und europäische Idee des Industriezeitalters zu sein. Mit der aufkommenden Industrialisierung und der technisierten Verwissenschaftlichung kam die Entfremdung. In keiner anderen alten Kultur und bei keinem Naturvolk kommen die Menschen auf die Idee, ihre Babys wegzulegen.

Auf die Bedürfnisse des Babys einzugehen, ist also aus zahlreichen Gründen wichtig. Ihr Baby bildet sich in den ersten Lebensjahren seine Meinung über sich selbst, über andere Menschen und über die Welt im Allgemeinen. Ein Baby, auf dessen Bedürfnisse nicht eingegangen wird, kann die Hintergründe dafür noch nicht verstehen, wie beispielsweise, dass man gerade noch schnell etwas einkaufen gehen musste. Für das Baby heißt das, es wurde verlassen, und es kann nicht darauf vertrauen, dass man es beachtet und seine Mitteilungen wahrnimmt. Es lernt schon früh, dass es sowieso nichts bringt, sich aktiv zu zeigen, da die Aktivität nicht nur nicht belohnt, sondern gar nicht beachtet wird. Das Baby fängt an zu resignieren, an sich zu zweifeln und kommt sich bedeutungslos vor.

Im Gegensatz dazu steht das Baby, das gleich lernt, dass es beachtet wird und Bedeutung hat. Es muss sich nur bemerkbar machen, und schon bekommt es die notwendige Aufmerksamkeit. Das soll keinesfalls immer heißen, dass alle Wünsche des Babys auch erfüllt werden, aber das Baby erlebt, dass es ernst genommen wird und wichtig ist. Das Baby bekommt so früh vermittelt, dass es selbst die Welt aktiv gestalten und verändern kann.

Kommunikation - verstehen und verstanden werden

Für Ihr Baby ist es sehr wichtig, dass Sie permanent mit ihm kommunizieren, denn es kommuniziert auch permanent mit Ihnen. Auch wenn Sie sich zunächst erst daran gewöhnen müssen, das Baby zu verstehen, nicht minder schwierig ist es für das Baby, Sie zu verstehen.

Sie werden bereits in den ersten Tagen sehen und hören, wie das Baby mit den Augen, mit Tönen, mit Armen und Beinen seinem Zustand Ausdruck verleiht. Die Kommunikation kann vielfältig erfolgen. Sie kann auch durch die Berührung, wie bei der Massage und dem Austausch beim Tragen, durch die Bewegungen sowie beispielsweise durch Sprache und Mimik geschehen.

Die fast permanente gemeinsame Bewegung durch das Getragenwerden ist für das Baby gerade in der ersten Zeit besonders wichtig, in der es sich nur sehr begrenzt selbst bewegen kann. Bewegung ist generell für die Entwicklung und Erhaltung des neurologischen und motorischen Körpersystems von großer Bedeutung und unterstützt die Verdauung.

Wenn Sie etwas mit Ihrem Baby machen, es aufnehmen, ablegen oder ihm auch nur Socken anziehen, so machen Sie es sich zur Regel, ihm mitzuteilen, was Sie vorhaben und was Sie gerade mit ihm machen. Sagen Sie es ihm langsam und deutlich. Sie werden verblüfft sein, wie das Baby reagiert und agiert.

Besondere Ratschläge

Das vorliegende Buch buchstabierte in den vorangegangenen Kapiteln die kondensierte Meinung des Autors, gewonnen aus der eigenen Erfahrung, der Lektüre und den Gesprächen mit „Profis" und jungen Eltern. Aber dies ist nur eine Meinung. Auf den nachfolgenden Seiten eröffnet sich Ihnen darüber hinaus die Möglichkeit, die gebündelten Erfahrungen von einer Hebamme und von zahlreichen Müttern und Vätern zu den wichtigsten Punkten kurz und knapp präsentiert zu bekommen. So gewinnen Sie schnell eine Übersicht über Anspruch und Wirklichkeit der Vaterrolle.

Mit Absicht wurde der Fragekanon so gestaltet, dass er zum einen die wesentlichen Eckpunkte des gesamten Themenfeldes absteckt, zum anderen aber auch durch eine ähnliche Fragestellung die Vergleichbarkeit der Antworten erlaubt. Durch diese Vergleichbarkeit der Antworten werden die Erwartungen, Differenzen und Gemeinsam keiten der verschiedenen Ansichten sehr schnell deutlich.

Auf diese Art kann Mann sicher sein, dass Mann ein umfangreiches Meinungsbild zu den wichtigsten Themen der Schwangerschaft und des Neugeborenen in kurzer und knapper Form erhält. Somit ist Mann bestens auf alles vorbereitet, was auf ihn zukommt. Mann kann aktiv dafür sorgen, dass Mann das Vaterwerden aktiv mitgestalten und ausführlich genießen kann.

Anregungen einer Hebamme

Myriam Krewer arbeitet als freiberufliche Hebamme in Berlin. In ihrem bisher zehnjährigen Berufsleben konnte sie vielfältige Erfahrungen in der klinischen und außerklinischen Arbeit als Hebamme sammeln. Seit drei Jahren ist Myriam Krewer in der Hebammengemeinschaft der Praxis Fera in Berlin (www.fera-hebammen.de) tätig. Die „Gemeinschaft Fera" hat es sich zur Aufgabe gemacht, Paare individuell und familienorientiert rund um das Erlebnis Geburt zu begleiten. Bis heute lebt sie ihre Profession mit Freude und Begeisterung und teilt mit den jungen Familien das Auf und Ab der Gefühle in Schwangerschaft, unter der Geburt und im Wochenbett mit Engagement und dem Wissen um die Besonderheiten beim Beginn eines neuen Lebens.

Ihr folgender Beitrag kann den werdenden Eltern als Anregung dienen, soll ihre Neugier auf die bevorstehenden aufregenden Monate wecken und möchte auch insbesondere den werdenden Vätern Mut machen, im Gespräch mit ihren Partnerinnen der Herausforderung des Elternseins zu begegnen. Die Besonderheit der Situation von Schwangerschaft, Geburt und Wochenbett lässt keine allgemein gültigen Empfehlungen zu, so dass immer individuell der kompetente Rat und Beistand durch eine Hebamme oder einen Arzt von Bedeutung ist.

Der Umgang mit der Schwangerschaft

Die Entscheidung, eine Familie zu gründen, sollte von beiden Elternteilen kommen. Nicht immer jedoch kann im Vorfeld das „Wunschkind“ geplant werden. Manche Paare werden mit einer unerwarteten Schwangerschaft konfrontiert. Gleichwohl wie geplant oder überraschend der Beginn dieser Elternschaft kommen mag, für das Sich-Finden in die neue Aufgabe ist es von Bedeutung, einander mit Offenheit zu begegnen, Vertrauen zu schenken und somit auch den Reifeprozess als Paar und werdende Eltern zu unterstützen.

Die Schwangerschaft ist eine Zeit großer Veränderungen. Der Körper der Frau beginnt, sich auf ein neues Leben einzustellen, Gefühle und Gedanken wandeln sich, Entscheidungen müssen überdacht werden – Freude und Hoffnung, aber auch Ungewissheit und Angst. Viel Neues kommt auf Sie zu.

Jede Frau und jedes Paar erlebt eine Schwangerschaft individuell. Als Ratgeber und Begleiter kann die Hebamme von Beginn an als Vertrauensperson und kompetente Fachfrau Hilfestellung und Unterstützung geben. Jedes Paar sollte sich frühzeitig um Hebammenhilfe bemühen. In Deutschland tragen die gesetzlichen und viele private Krankenkassen die Übernahme der Kosten für die Leistungen einer Hebamme in Schwangerschaft, Geburt und Wochenbett.

Phasen der Schwangerschaft

1.) Erste Auseinandersetzung mit den anderen Umständen
Neben den emotionalen und seelischen Umstellungen ist die erste Phase der Schwangerschaft geprägt durch eine Vielzahl von körperlichen Veränderungen. Durch die neue hormonelle Situation erleben viele Frauen eine Sensibilisierung Ihres Geruchs- und Geschmacksempfindens. Ihr Körper wird für Berührungen sensibler. Die meisten Frauen erleben sich in dieser Zeit als emotional „dünnhäutiger". Mögliche Beschwerden: Müdigkeit, Übelkeit und Erbrechen, Spannungsgefühl in der Brust und Kopfschmerzen.

Hilfestellung in dieser Phase:
Nach der ersten Zeit der Euphorie und des Sich-Findens steht für viele Männer wieder der normale Alltag im Vordergrund, während sich die Frau weiterhin innerlich mit der Schwangerschaft auseinandersetzt. Meist treten in dieser Zeit die ersten Schwangerschaftsbeschwerden auf. Bestärkt und unterstützt fühlt sich die Frau durch einen sensiblen und rücksichtsvollen Umgang. Beschwerden sollten ernst genommen werden. Durch kleine Aufmerksamkeiten und Ablenkungen kann der Frau mit unter über diese temporären Unpässlichkeiten hinweg geholfen werden.

2.) Einleben in die Schwangerschaft
Für die Frau hat jetzt die größte körperliche Umstellung stattgefunden, eine erste Anpassung an die Schwangerschaft ist vollzogen und auch in ihren Emotionen erlangt sie eine stärkere Stabilität zurück, wichtige innere Auseinandersetzungen mit der Schwangerschaft und dem Baby sind erfolgt. Bei den meisten Frauen lassen zum Ende dieser Phase die Beschwerden nach. Die Frau fühlt sich zunehmend wohler und sicherer mit Ihrer Schwangerschaft. Freude und Stolz beginnen Sie zu erfülen. Ihr Mitteilungsbedürfnis über die freudige Erwartung eines Kindes in der Familie, bei Freunden und im beruflichen Umfeld wächst. Erste Planungen und Vorbereitungen für das Baby werden getroffen.

Hilfestellung in dieser Phase:
Sicherheit und Unterstützung erfährt die Frau durch gemeinsame Planung und Vorbereitung. Viele Frauen genießen es, wenn ihr Mann Freude und Stolz über die Schwangerschaft und das zu erwartende Kind in ihrem gemeinsamen Kreis zeigt.

3.) Phase des Wohlbefindens
Fast immer fühlen sich die Frauen in dieser Phase körperlich wohl und leistungsfähig. Der Bauch beginnt sich zu runden. Viele Frauen genießen das Sichtbarwerden der Schwangerschaft und empfinden sich als schön. Deutlich sind jetzt die Bewegungen des Kindes zu spüren.

Hilfestellung in dieser Phase:
Durch das Spürbarwerden der Kindsbewegungen für den Partner, eröffnet sich vielen Männern eine tiefere Bindung zu ihrem noch ungeborenen Kind. Diese neue Dimension stärkt den Mann in seiner Vorstellung, Vater zu werden. Mit diesem Gefühl fällt es leicht, gemeinsamen Wünschen und Träumen freien Lauf zu lassen. Viele Frauen möchten die Intensität und Intimität dieser Augenblicke auch körperlich spüren und erleben Zärtlichkeiten und Sex lustvoll. Unbesorgt kann das Paar diese Zeit auskosten und die Nähe zueinander genießen.

4.) Phase des Sich-Öffnens für die Geburt
In diesem letzten Abschnitt der Schwangerschaft erleben die Frauen noch einmal deutlich körperliche Veränderungen und auch emotional stimmen sie sich auf die immer näher rückende Geburt und die Zeit danach ein.

Mögliche Beschwerden:
Zunehmende Beschwerlichkeit, Kurzatmigkeit, Sodbrennen, Völlegefühl, Magendruck, Obstipation (Verstopfung), Hämorrhoiden, häufiges Wasserlassen, Ödeme und Schlafschwierigkeiten.

Hilfestellungen in dieser Phase:
Mit dem Näherrücken der Geburt entwickeln viele Frauen einen zunehmenden Nesttrieb. Unterstützen können Männer dies durch tatkräftige Mithilfe bei Vorbereitungen und der Einrichtung der Wohnung und des häuslichen Umfeldes. Vielen Frauen ist es in dieser Zeit wich-

tig, gemeinsam mit ihrem Partner über die bevorstehende Geburt, mögliche Komplikationen und daraus resultierende Ängste und Sorgen zu sprechen.
Mit Zuversicht und Vertrauen in den natürlichen Ablauf von Schwangerschaft und Geburt können Männer ihren Frauen Mut machen und sie in einer positiven Einstellung stärken.

Schwangerschaftsvorsorge

Die Schwangerschaftsvorsorgen beginnen mit Feststellung einer Schwangerschaft. Sie können sowohl von der Hebamme als auch vom Gynäkologen oder im Wechsel von beiden durchgeführt werden. Empfohlene, jedoch nicht vorgeschriebene, Untersuchungen im Rahmen der Mutterschaftsrichtlinien sind die drei Ultraschall-Untersuchungen in der Frühschwangerschaft, im zweiten Schwangerschaftsdrittel und im letzten Schwangerschaftsdrittel, die durch den Arzt durchgeführt werden müssen.

Die Vorsorgeuntersuchungen geben dem Mann die Möglichkeit, der Schwangerschaft und dem wachsenden Leben näher zu kommen, die eigene Neugier zu befriedigen und die Partnerin zu stützen und zu begleiten. Schon im Zustand des ungeborenen Lebens, beginnt so die Familie zusammen zu wachsen. In diesen Momenten bietet sich die Möglichkeit, die Freude mit der Partnerin zu teilen. Es besteht jedoch auch immer die Eventualität, Auffälligkeiten zu erkennen. Diese Auffälligkeiten können einen Hinweis auf Komplikationen in der Schwangerschaft geben. Die Auseinandersetzung mit solch einer Situation wird leichter, wenn beide Partner einander Halt geben und gemeinsam darüber sprechen. Die psychische Bewältigung und Verarbeitung darf der Mann nicht allein auf die Frau abwälzen, sondern der Partner ist an dieser Stelle unbedingt als Stütze gefordert.
Wichtig in diesem Zusammenhang ist die ausführliche Beratung und Unterstützung durch Hebamme und Arzt sowie der emotionale Rückhalt bei Familie und Freunden.

Geburtsvorbereitungskurse

Die Geburtsvorbereitung beinhaltet ausführliche Informationen und Erklärungen zum natürlichen Ablauf von Schwangerschaft, Geburt und Wochenbett; mögliche Abweichungen von diesem „natürlichen Verlauf" werden ebenso besprochen. Der Kurs bietet auch Rahmen und Zeit für Atem- und Entspannungsübungen und Massagen. Die werdenden Eltern werden so vorbereitet, verschiedene Wege zu finden, die Geburt Ihres Kindes zu erleben.

Geburtsvorbereitungskurse werden in verschiedenen Modellen angeboten. Es gibt mehrwöchige Kurse für Paare, Kompaktkurse, Wochenendkurse, Kurse nur für Frauen und Einzelgeburtvorbereitung. Die gemeinsame Teilnahme stärkt die Partnerschaft, bringt beiden Eltern die gleichen hilfreichen Informationen und bietet die Möglichkeit, Kontakte zu anderen Paaren zu knüpfen.

Auswahl des Geburtsortes

Für den Ort der Geburt stehen verschiedene Auswahlmöglichkeiten zur Verfügung:

- Geburt im Krankenhaus; sowohl als ambulante Geburt als auch mit stationärem Aufenthalt
- Geburt im Geburtshaus
- Geburt in einer Hebammen- bzw. Arztpraxis
- Hausgeburt

Bei der Auswahl des Geburtsortes sollte das Paar sich zunächst auf sein Gefühl verlassen. Viele Frauen haben frühzeitig eine Vorstellung davon, wo die Geburt stattfinden könnte.

Im Mittelpunkt der Entscheidungsfindung für die Wahl des Geburtsortes stehen Erwartungen, Sorgen und Ängste sowie eventuell festgestellte Komplikationen, die es abzuwägen gilt, und die auch in Gesprächen mit der Hebamme und dem Arzt geklärt werden können. Erfahrungsberichte von Familie und Freunden mögen als Ergänzung zur Entscheidungsfindung behilflich sein.
Auch hier gilt wieder die Empfehlung, sich rechtzeitig mit der Thematik auseinander zu setzen, um so die Möglichkeit zu haben, sich am

gewünschten Geburtsort anmelden zu können. In vielen geburtshilflichen Einrichtungen und auch bei einer Hausgeburt bedarf es der frühzeitigen Anmeldung entweder am geplanten Geburtsort oder bei der geplanten Hausgeburtshebamme.

Die Geburt

Die Geburt eines Kindes ist eines der überwältigendsten Erlebnisse für Mann und Frau. Die Größe der Bedeutung dieses Ereignisses erwartet eine sorgfältige und gut besprochene Planung und Vorbereitung, um die Ankunft des neuen Erdenbürgers zu erleben. Eine der entscheidendsten Fragen ist die Klärung der Begleitung zur Geburt. Die Anwesenheit bei einer Geburt erfordert große Vertrautheit und eine emotionale Nähe. In der Gesellschaft besteht inzwischen für den Mann ein unterschwelliger Zwang, an der Geburt teilzunehmen. Für das Paar und für das Erlebnis Geburt ist es jedoch besonders wichtig, eine gemeinsame und freie Entscheidung zu treffen. Nur so wird es möglich, eine teilnahmsvolle und einfühlsame Begleitung für die Frau bei der Geburt zu finden. Die Begleitperson kann auch eine vertraute Freundin oder eine Familienangehörige sein. Einige Frauen möchten aber den Weg der Geburt alleine gehen und wünschen keine Begleitung. Mitunter ist es auch möglich, eine zweite Person zur Geburt mitzubringen.

Auch wenn eine Geburt eines der schönsten und anrührendsten Erlebnisse ist, kann es zu überraschenden Situationen und Anblicken kommen. Diese Bilder können den nicht auf die Geburt vorbereiteten Partner erschrecken. Zum besseren Verständnis solcher Situationen sind Gespräche mit der Hebamme und ein Geburtsvorbereitungskurs hilfreich.
Möglicherweise erschreckende Situationen:

- Die Intensität der Wehen
- Gebärden bzw. Schmerzäußerungen der Frau
- Sehr intime Blicke auf den Genitalbereich
- Körperliche Berührungen/Untersuchungen durch Hebamme oder Arzt
- Sichtbare Körperausscheidungen
- Das Gefühl der Hilflosigkeit als Partner.

Hilfestellung für die Begleitung einer Geburt:
Allein die Anwesenheit einer vertrauten Person ist für die Frau unter der Geburt Stütze und Stärkung. Gutes Zureden, Lob und Trost durch den Partner geben der Frau zusätzliche Kraft für die Geburtsarbeit.

In Abhängigkeit von der Individualität einer jeden Frau und des Geburtsablaufes, wünscht die Gebärende ein unterschiedliches Maß an Nähe und körperlichem Kontakt. Manche Frauen fühlen sich durch körperliche Berührungen und Massagen unterstützt. Einige wünschen weniger oder keine Berührungen, sind aber dankbar für einen liebevollen Blick und kleine Gesten wie ein Glas zu Trinken. Hilfreich bei der Bewältigung der Wehen ist eine konzentrierte Atmung. Sie gibt Halt und Rhythmus bei der Wehenarbeit. Vielen Frauen tut es gut, darin Unterstützung durch ihren Partner zu erfahren. Im Augenblick der Geburt des Kindes wünschen sich die allermeisten Frauen den direkten körperlichen Kontakt mit ihrem Partner. Er kann sie in diesem Moment halten, stützen und dabei anspornen. Wenn der Partner sich entschlossen hat, die Geburt zu begleiten, muss er sich immer wieder neu und zu jedem Zeitpunkt unter der Geburt auf die Situation einlassen und sich trauen, auf seine Frau zuzugehen. So wird er die Möglichkeit erhalten, nicht nur passiv die Geburt zu begleiten, sondern kann sie aktiv erleben und unterstützen.

Das Wochenbett

Das Wochenbett bringt nach Schwangerschaft und Geburt weitere Veränderungen. In dieser Zeit sind das Ingangkommen der Laktation (Milchbildung) und der Aufbau einer guten Stillbeziehung, die Rückbildung der Gebärmutter, die Wundheilung und die hormonelle Umstellung wichtige Vorgänge. Um sich gut in die neuen Lebensumstände einfinden zu können, hilft eine ruhige und entspannte Atmosphäre. In dieser kann die Familie gelöst zu einander finden.

Hilfestellung für die Begleitung im Wochenbett:
Um Frau und Kind in den ersten Wochenbett- bzw. Lebenstagen zu unterstützen, sollten Vorbereitungen für das häusliche Umfeld getroffen werden. Dazu gehört:

- Ruhe und wenig/keine Besuche in den ersten Tagen zur Erholung von Mutter und Kind und zur Unterstützung einer guten Stillbeziehung
- Erledigung von Einkäufen und des Haushalts, Zubereitung von schmackhaften und gesunden Mahlzeiten, warme Getränke
- Übernahme von Behördengängen, Erledigung von eventuell anstehenden Formalitäten
- Hilfe bei der Versorgung und Pflege des Babys
- Sinnvoll ist es, den Jahresurlaub oder zumindest eine Vielzahl von freien Tagen um den errechneten Geburtstermin zu planen.

Die Vorbereitung und die Organisation für die erste Zeit nach der Geburt sollte von beiden Partnern besprochen werden. Für die erste Zeit der Umstellung wünschen sich viele Frauen einen besonders einfühlsamen und rücksichtsvollen Partner.

Jede Frau hat nach der Geburt in Deutschland Anspruch auf Hebammenhilfe, die von den gesetzlichen und den meisten privaten Krankenkassen bezahlt wird. In ihren Hausbesuchen beobachtet die Hebamme den regelrechten Wochenbettverlauf und die Entwicklung wie auch die Anpassung des Babys an die neue Umwelt. Durch praktische Hilfe gibt sie Unterstützung bei der Versorgung des Neugeborenen und bei der Pflege von Haut und Nabel. Die Hebamme ist eine wichtige Ansprechpartnerin bei allen Fragen im Wochenbett und eventuellen Problemen in diesem Zusammenhang, wie z.B. bei Stillschwierigkeiten, bei Milchstau sowie bei Geburtsverletzungen, bei Wundheilungsstörungen und bei verzögerter Rückbildung der Gebärmutter.

Baby Blues

Bedingt durch die hormonelle Umstellung und die großen Erlebnisse wie Geburt und Ankunft eines Kindes, sind viele Frauen in den ersten Tagen im Wochenbett besonders sensibel und emotional dünnhäutig. Zwischen dem 3. und 6. Wochenbetttag erleben einige Frauen starke Stimmungsschwankungen. In ihrer besonderen Empfindsamkeit neigen sie zum Weinen und zu Verstimmungen, die von euphorischem Verhalten abgelöst werden können. Diese Phase wird im Volksmund auch als „Heultage“ oder Baby Blues bezeichnet.

Hilfestellung in dieser Phase:
In dieser besonderen Befindlichkeit fühlt sich die Frau durch Anteilnahme, Nähe und Verständnis geborgen. Hilfreich ist es für die Frau, wenn der Partner sie in dieser Situation schützt und sich liebevoll um sie und das Kind kümmert. Wichtig für den Partner ist es zu wissen, dass dieses emotionale Verhalten normal ist und nach wenigen Stunden/Tagen vorüber geht. Sollte die Frau aus dieser Situation nicht herausfinden und eventuell in ein grundsätzlich depressives Verhalten fallen, muss der Partner diese Situation aufnehmen und das Problem mit ihr besprechen. Kompetente fachliche Hilfe von außen ist in diesen Fällen notwendig. Die Hebamme kann als erste Ansprechpartnerin dienen und bei der Vermittlung einer passenden Anlaufstelle helfen.

Kinder und Karriere

Die gesellschaftlichen Voraussetzungen und das Bedürfnis, als aktiver Vater Anteil am Leben seines Kindes zu nehmen, stehen häufig im Widerspruch zueinander.
Viele Väter wollen trotz großer beruflicher Belastung und eventuellen Karriereplänen an der Begleitung und Erziehung ihrer Kinder mit Engagement und Zeit teilnehmen. Um eine ausgeglichene Balance zwischen Beruf und Familie zu finden, bedarf es der Absprache und Planung mit der Partnerin und dem Arbeitgeber. Auch bei Selbständigkeit des Vaters bzw. Berufstätigkeit der Mutter müssen die verschiedenen Möglichkeiten einer eventuell auch wechselnden Kinderbetreuung und des Familienlebens bedacht werden.

Die Entscheidung, wer in der Familie vorrangig die Betreuung des Kindes übernimmt, sollte nicht nur von finanziellen Aspekten geprägt sein. In der heutigen Zeit bestehen verschiedene Möglichkeiten für Eltern, die Betreuung ihres Kindes mit ihrem Berufsleben zu verbinden. Insbesondere für berufstätige Väter ist es wichtig und schön, sich bewusst freie Zeit für Kind und Familie zu nehmen. Je nach persönlicher Individualität können Väter unterschiedliche Rituale zur Festigung der Vater-Kind-Beziehung aufnehmen. Die Unterstützung im Alltag und die Anteilnahme am Familienleben sollte für jeden Vater Selbstverständlichkeit und Bedürfnis sein.

Tipps junger Mütter für die werdenden Väter

Irgendwie wissen wir Männer ja alle tief in unserem Innersten, dass Frauen eigentlich doch grundverschiedene Wesen sind. Deshalb bedarf es immer der geeigneten Zusatzinformationen, um die Geheimnisse der Frauen zu ergründen. Die beste Quelle, um diese Geheimnisse zu lüften, ist meist ganz nahe liegend: es sind die Frauen selbst. Deshalb geben junge Mütter an dieser Stelle die besten Tipps für Sie als werdenden Vater. Die gebündelte weibliche Perspektive auf die Themen Schwangerschaft und Baby rücken die männliche Sichtweise auf die Ereignisse automatisch ins rechte Lot. Wenn Sie diese Ratschläge befolgen, sollte es für Sie kaum noch negative Überraschungen, Risiken und Nebenwirkungen geben.

Die Schwangerschaft – der richtige Umgang mit der eigenen Frau

- Von Anfang an sollte der werdende Vater aktiv an der Schwangerschaft teilnehmen, „mit euphorisch sein", Gefühle zeigen, „mit der Partnerin die neun Monate durchleben" und Verständnis für die gesamte Situation aufbringen. „Kurz gesagt, das Komplettprogramm abfahren." Das ist vor allem auch am Beginn der Schwangerschaft wichtig, weil die schwangere Frau die großen Veränderungen ansonsten nur für sich allein wahrnimmt. Die ersten Schwangerschaftsmonate verraten nach außen noch nicht den großen Wandel und die Frau benötigt bereits zu dieser Zeit einen intensiven, persönlichen Austausch, der über den kurzen medizinischen Dialog beim Arzt hinausgeht.
- Wenn der Mann nicht von Anfang an aktiv teilnimmt, fehlt meist das Verständnis für die normalen Wehwehchen und die kleinen Alltäglichkeiten, die Frau beschäftigen. Gerade in den ersten Monaten der Schwangerschaft leistet der weibliche Körper extrem viel, was sich natürlich auch auf die Psyche und die äußeren Umstände niederschlägt. Dass sich diese psychischen Veränderungen auch auf den Umgang der Frau mit der Außenwelt und damit auch auf den Partner auswirken, ist selbstverständlich.
- Die werdende Mutter sollte in jedem Fall mit ihren Befindlichkeiten beachtet und ernst genommen werden. Häufig geht es aber vor allem um den Faktor Aufmerksamkeit und weniger um wirkliche Ängste oder medizinische Sorgen, die geteilt werden sollen, oder einfach auch mal darum, „den Rücken zu massieren".

- Der Mann sollte der Frau die Ängste vor der Geburt nehmen, sofern sie welche hat. Besondere Ängste entwickeln die werdenden Mütter meist in Hinblick auf die Gesundheit des ungeborenen Lebens. Dann ist der Mann gefragt, der mit Verständnis reagieren und der Frau das Gefühl von Geborgenheit und Sicherheit vermitteln sollte.
- Mann und Frau sollten gemeinsam die gesamte Organisation für das zukünftige Kind übernehmen. Dazu gehört es, die Listen zu erstellen, was alles gebraucht wird, und diese gemeinsam in die Tat umzusetzen. Hinzu kommen eventuell notwendige Überlegungen zu und Umsetzungen von Umzügen und Renovierungen.
- Der Partner sollte auch die Literatur über Schwangerschaft und Baby in den für ihn wichtigen Auszügen mitlesen und sich um weitere Informationen bemühen, beispielsweise in seinem Freundeskreis. „Er sollte beginnen, sich eigene Gedanken um Babys und Kinder zu machen."

Vorsorgeuntersuchungen

- Mann sollte die Frau generell zu den wichtigen Vorsorgeuntersuchungen begleiten, vor allem zu jenen, bei denen eine Ultraschalluntersuchung vorgenommen wird. „Der Partner sollte von sich aus ein natürliches Interesse an den Ultraschallbildern zeigen."
- Die Untersuchungen mit bildlicher Darstellung „erlauben den besonderen Blick auf das ungeborene Leben." Der Mann baut damit eine frühzeitige Beziehung zu dem Kind auf.

Schwangerschaftsgymnastik

- Schwangerschaftsgymnastik braucht der Mann nicht mitzumachen, „das ist eher abträglich."
- „Beim Geburtsvorbereitungskurs sollte Mann auf jeden Fall dabei sein", um sich auf die Geburt vorzubereiten und ungefähr zu wissen, was wie abläuft. So kann sich der Mann mit der Geburtssituation etwas praktischer vertraut machen als nur über die Literatur.

Einkäufe

- Die Umstandsmode soll sich die Frau selbst aussuchen und einkaufen, „denn sie muss sich ja darin gefallen." Es ist aber immer schön, jedoch nicht unbedingt notwendig, wenn der Mann sie begleitet.

- Die Babysachen, Babyeinrichtung, „Kinderwagen & Co“ soll der Vater unbedingt mit aussuchen, da das auf das kommende gemeinsame Kind vorbereitet. Es macht dem Mann noch bewusster, dass bald ein neues Mitglied die Familie erweitert.
- Vor allem der Kinderwagen sollte dem Mann gefallen, da er ihn auch häufig benutzen wird.

Hebamme / Klinik auswählen
- Die Hebamme sollte die Frau selbst auswählen, denn sie ist es auch, für die die Hebamme von größter Bedeutung ist. „Die Hebamme ist für die Frau wichtiger als für den Mann.“
- Der Mann sollte den Geburtsort mit auswählen. Er sollte unterstützend zu der emotionalen Ebene, die die Frau bedient, auch noch von der sachlichen Ebene her gegenprüfen, ob die Auswahl alle Aspekte berücksichtigt.

Geburt
- „Während der Geburt sollte der Mann nicht einschlafen, Ruhe bewahren, keine unqualifizierten Kommentare abgeben“, die Frau reden lassen – sofern sie es überhaupt will. „Mann soll es einfach geschehen lassen und als ruhender Pol dabei sein.“ Vor allem sollte Mann keine Panik verbreiten.
- Der Mann soll sich auf das Fachpersonal verlassen und Ruhe sowie Sicherheit ausstrahlen. Die Frau benötigt jemanden zur psychologischen Unterstützung, der ihr sehr vertraut ist und bei dem sie sich sehr geborgen fühlt. Wichtig für die Frau ist, dass sie im Notfall nicht allein ist, wenn etwas außerplanmäßig oder nicht nach Ihrem Willen abläuft.
- „Alles was dem Mann in diesem Moment gesagt wird und an den Kopf gebrettert wird, sollte er nicht so ernst nehmen und nicht nachtragend sein.“

Die ersten Tage mit dem Baby
- „Die ersten Tage sind für alle Neuland.“ Mann sollte zu Hause sein. Er sollte sich Urlaub für mindestens 14 Tage nehmen und danach möglichst auch auf Abruf erreichbar sein.
- „Für die frischen Eltern heißt es: Willkommen im Club. Alles was sie dann Menschen ohne Kindern über Kinder erzählen, ist verlorene Spucke.“

- Die ersten Tage stellen eine ganz entscheidende Phase in der Bindung zwischen dem Vater und dem Kind dar. Bei der Frau ist die Bindung zu dem Kind durch die Schwangerschaft bereits vorhanden.

Wochenbett

- Der Mann soll möglichst viel Verständnis zeigen, auf die Partnerin eingehen und sich auf die gesamte Situation komplett einlassen.
- Der Partner sollte immer daran denken, dass die Frau auch, wenn während der Geburt alles wie im Bilderbuch abgelaufen ist, große innere Wunden hat. Diese Wunden bedürfen, um gut abheilen zu können, des Liegens und der Ruhe. Parallel stellt sich der Körper der Frau auf das Stillen um.
- Der Mann sollte in der ersten Zeit komplett den Haushalt übernehmen: also alle Einkäufe, Kochen, Waschen und eventuell anstehende Säuberungen.
- Der Mann sollte in den ersten Tagen nach der Geburt nicht versuchen, nebenbei beruflich auch noch etwas zu erreichen. Das kann nicht funktionieren. Denn weder wird er den Ansprüchen der Arbeit gerecht, noch kann er sich voll auf Mutter und Kind konzentrieren. Die klare Entscheidung sollte nach der Geburt heißen: volle Konzentration für einige Wochen auf die Mutter und das Neugeborene.

Baby Blues

- „Der Mann muss beim Baby Blues da sein, denn einer muss ja alles abbekommen. Wem soll Frau sonst die Sachen erzählen?“ Männer sollen Verständnis zeigen, die Situation ernst nehmen, aber bitte „nicht jedes Wort auf die Goldwaage“ legen.

Ärzte

- Der Vater sollte bei den ersten U-Untersuchungen dabei sein.

Kinder und Karriere

- „Das ist ein ganz heißes Thema. 80 Prozent der Männer lassen Ihre Frauen allein zu Haus mit den Kindern und feilen nur an ihrer Karriere. Alptraum!“ Kinder und Karriere passen nicht unbedingt zusammen, können aber in Einklang gebracht werden.
- Kinder können für die Karriere eine enorme Bereicherung sein, weil man anfangen muss, sich stärker zu konzentrieren und zu fokussieren.

- Wenn Eifersuchtsprobleme auftauchen, dann vor allem dadurch, dass sich die Männer zu wenig mit der Familie und den Kindern beschäftigen und dadurch die Bindung nicht eng genug ist.
- Ein Karriereknick sollte in Kauf genommen werden, denn „was die Familie gibt, kann kein Bankkonto und keine Karriere aufwiegen."

Sonstiges

- Männer sollten trotz allem anerkennen, dass die Mütter zunächst eine engere Verbindung zum Kind über die Schwangerschaft und das Stillen haben. Das betrifft vor allem die Intuition für die ersten kleinen Problemchen, wie Fieber oder Erkältungen, genauso, wie das tägliche Ins-Bett-Bringen oder die häufig vermeintlichen Koliken, die sich in Wahrheit als ganz etwas anderes entpuppen. Die Männer können nur auf Gehörtes oder Gelesenes und die geringe Zeit, die das Baby auf der Welt ist, zurückgreifen. Die Mütter hingegen haben schon neun Monate Vorsprung und bauen diesen durch das Stillen noch weiter aus. Die Männer können deshalb sehr gut auf die Intuition der Frau vertrauen und ihren Empfehlungen in der Versorgung des Neugeborenen folgen.

Tipps junger Väter für die werdenden Väter

Keine Frage, neben den Ratschlägen der Mütter sollen natürlich auch die jungen Väter zu Wort kommen. Befragt wurden mehrere junge Väter, die sich selbst als aktive und moderne Väter verstehen. Wie bereits oben geschildert, sind die Fragen mit Absicht so gestellt, dass die Ansichten der jungen Väter mit den Themen der jungen Mütter und der Hebamme korrespondieren. Manche Themen, die bereits im Buch an der einen oder anderen Stelle angesprochen wurden, sind an dieser Stelle weggelassen worden, um unnötige Dopplungen zu vermeiden.

Die Schwangerschaft im Allgemeinen

- „Zunächst sollte Mann sich selber darüber klar werden, dass man das Kind auch will und es willkommen heißen."
- Grundsätzlich gilt, „so viel Zeit wie möglich freischaufeln und gemeinsam mit der Frau verbringen." Mann sollte seinen eigenen Teil zur Schwangerschaft beitragen und sich frühzeitig mit dem gesamten Thema beschäftigen, dazu gehört auch die Literatur.

- „Manche Frauen fühlen sich in der Schwangerschaft super wohl andere haben mehr Probleme, darauf muss Mann sich einstellen."

Vorsorgeuntersuchungen
- Mann sollte in jedem Fall bei den wichtigen Untersuchungen dabei sein: Die Beziehung zu dem Kind wird enger – und zusätzlich gibt es beeindruckende visuelle Reize. Selbstverständlich intensiviert es auch die Beziehung zu der Frau.

Hebamme und Geburtsort auswählen
- „Um die Hebamme auszusuchen, können sich die Männer auf die eigenen Frauen verlassen."
- Der Geburtsort beziehungsweise das Krankenhaus sollten gemeinsam ausgewählt werden.

Geburt
- Verhalten während der Geburt: Sicherheit geben, „sich darauf einstellen, dass es lange dauern kann und keine unqualifizierten Kommentare von sich geben, sondern sich einlassen und mit dem Verlauf der Geburt mitgehen."

Die ersten Tage mit dem Baby
- Nach der Geburt sollte der Mann zwei Wochen Urlaub nehmen. Die ersten Tage sind im wesentlichen Mutter-Kind-Fixierung – „da muss Mann vor allem da sein, daneben stehen und staunen." Wenn man sich im Vorfeld informiert hat, dann kommt man damit besser zurecht

Baby Blues
- „ Zähne zusammenbeißen und durch und keinesfalls auf sein Recht pochen."

Ärzte
- Der Mann sollte bei den ersten Untersuchungen des Babys dabei sein.
- Der Arzt muss gefallen, ansonsten sollte man ihn wechseln und auch ruhig mehrere ausprobieren.

Kinder und Karriere

- Kinder und Karriere sind ein Widerspruch, „Kinder bedeuten ganz einfach einen massiven Zeitverlust“. Als Vater muss man sich auf jeden Fall später von seinen Kindern eine von zwei Fragen stellen lassen: „Warum hast Du keine Karriere gemacht?“ oder „Wer bist Du?“
- „Die Karriere sollte also hinter dem Kind zurücktreten, ohne aber die Versorgung der Familie zu gefährden.“

Die „männliche Schwangerschaft“

- Die „männliche Schwangerschaft“ stellt kein Problem für die Männer dar.

Nachwort

Nachdem ich nun selbst die Schwangerschaft, die Geburt und das Neugeborene intensiv miterlebte und die gesamten Entwicklungen und Phasen in dem Buch mit hilfreicher Unterstützung noch einmal nachvollzog, bleibt zu resümieren, dass es kaum ein anderes Thema gibt, das so interessant und vielschichtig ist, wie das eigene Baby/Kind.

Ich hätte mir selbst gewünscht, ein solches Buch am Anfang der Schwangerschaft in den Händen zu halten, um direkt auf alles Wichtige hingewiesen zu werden und nicht von so viel Stammtischgerede abgelenkt zu werden, das immer noch gesellschaftsfähig und weit verbreitet im Umlauf ist. Ich hätte dann noch bewusster die Schwangerschaft und die ersten Kindsmonate erlebt.

Es bleibt zu wünschen, dass Sie als Leser Ihren Vorteil aus diesen Seiten ziehen werden oder bereits gezogen haben. Ich wünsche Ihnen, dass Sie die Zeit der Schwangerschaft, der Geburt und das anschließende Erdenleben Ihres Kindes in vollen Zügen genießen, und dass auch Sie jeden Tag wieder aufs Neue verzückt und verzaubert von der Faszination Leben sind.